KB261282

이슬람 신화 깨기, 무슬림 바로 보기

중동 전문기자 김동문의 이슬람 문화 · 선교 길잡이

이슬람 신화 깨기,
무슬림 바로 보기

글쓴이 김동문
펴낸이 정애주

편집 송승호 이현주 한미영 황교진 김기민 김준표 오은숙 유진실
미술 김진성 문정인 송하현 최혜영
제작 윤태웅
영업 오민택 차길환 국효숙 이진영 박상신
관리 이남진
총무 정희자 마명진 김은오

펴낸날 2005. 4. 7. 초판 발행
　　　 2010. 12. 10. 3쇄 발행

펴낸곳 주식회사 홍성사
1977. 8. 1. 등록 / 제 1-499호
121-897 서울시 마포구 합정동 369-43
TEL. 02) 333-5161 FAX. 02) 333-5165
http://www.hsbooks.com　E-mail: hsbooks@hsbooks.com

ⓒ 김동문, 2005

ISBN 978-89-365-0682-7
값 9,500원　※잘못된 책은 바꿔 드립니다.

이슬람 신화 깨기, 무슬림 바로 보기

김동문 지음

생생한 중동 현장 속으로

한국이슬람연구소 소장 전재옥

　중동의 진한 경험자 김동문의 책, 《이슬람 신화 깨기, 무슬림 바로
보기》를 재미있게 읽었다. 중동을 성경의 땅, 선교의 땅으로 소개하고
있는 저자는 중동 여러 곳을 직접 발로 뛴 탐방가로서, 하나님의 시선
으로 중동 땅과 그 땅의 사람들을 바라보면서 터득한 생각을 기록하고
있다.

　한국에서 무슬림이라고 하면 최근 아프가니스탄이나 이라크에서 나
타나는 현상만 떠올리며 두려움과 놀람으로 반응하곤 한다. 그러나 이
책에서 강하게 지적하고 있듯이, 이미 무슬림들의 변화는 시작되었다.
인터넷 시대, 지구촌 시대에 무슬림들은 문화와 가치관에 큰 변화를
겪고 있는 중이다. 정통교리를 배우고 그것을 순종적으로 따르는 무슬
림보다 민간 신앙으로서의 이슬람 문화 속에 젖어 사는 이들이 더 많
다. 무슬림이 다 테러 조직에 속한 것도 아니며, 무슬림 가운데도 그런
원리주의를 비판하는 지성인들이 상당하다. 1부 3장 '이슬람·무슬림

편견 깨기'에서 저자는 이 주제를 재치 있게 다루고 있다.

한국 교회와 선교부들이 정직하게 자문해 봐야 할 도전의 글이 여기 있다. 혹시 한국 선교단체들은 짧은 시간 안에 선교사를 동원하고 파송하는 것에만 급급하지 않았는가. 그래서 정작 선교현장에 나간 선교사들은 현지에서 전문성을 발휘하지 못한 채 떠돌고 있는, 안타까운 상황에 봉착해 있지는 않은가. 사도 바울이 필요한 때에 천막직공으로 자립했듯이 적어도 현지인들에게 선교사들이 어떻게 먹고 사는지를 의심할 여지를 주어서는 안 될 것이다. 실업자처럼 보여서야 되겠는가.

선교사가 온 마음을 다하고, 온 정성을 다하고, 온 뜻을 다할 수 있는 지역과 사역을 찾아, 죽기까지 자기의 온 삶을 쏟아 붓는 열정과 악착함이 있어야 열매를 맺게 될 것이다.

김동문 선교사의 책은, 글을 읽는다기보다는 그와 앉아서 긴긴 저녁 무슬림 이야기에 깊이 빠져든 느낌이다. 이렇듯 그의 글이 살아 있고, 힘 있게 느껴지는 것은 무엇보다도 무슬림에 대한 그의 사랑 때문일 것이다. 중동에서 일어나고 있는 하나님의 생생한 사역을 소개하고 있기에 생동감 넘치고 기운 찬 글일 수밖에 없는 것이다. 이제 저자는 "우리는 지금도 가나안 땅 정탐 보고 현장에 서 있다"라고 하면서 정직하고 모험적인 선택을 할 것을 권하고 있다.

성경의 땅 선교의 땅, 중동

"중동이 성경에 나온다고요? 못 봤는데요……."

이런 반응을 접할 때마다 당혹감을 느낀다. 애굽과 이집트를 연결시키지 못하거나 요르단을 지도에서 찾지 못하는 경우는 흔하다. 성지를 이스라엘에만 국한해서 생각하는 이들도 의외로 많다. '낫 놓고 기역자도 모른다'는 속담처럼 성경을 두고도 중동을 연상하지 못하는 기독교인들이 얼마나 많은지……. 성경의 무대로서의 성지, 그것은 오늘날의 중동 그 자체이다. 이란으로부터 이집트를 넘어 리비아도 성경에 등장한다. 성경의 주요 사건 현장인 이집트는 물론이고 이라크, 시리아, 레바논, 요르단도 모두 성경의 무대이다.

지역 전승에 따르면 에덴 동산은 이라크 남부 유프라테스 강과 티그리스 강이 만나는 지점인 쿠르나 지역에 자리한다. 인류가 집단적으로 하나님을 대항한 항명 사건인 바벨탑 사건의 현장이 이라크 남부이며, 믿음의 조상 아브라함이 믿음의 순례를 떠난 출발점이 이라크 남부의 갈대아 우르(우리나라에서 파병한 제마, 서희 부대가 주둔하던 낫시리아 지역)이다. 모든 중근동 백성에게 당신의 살아 계심을 보이시기 위해 하나님은 다니엘과 세 친구 등 믿음의 자녀들을 바그다드 남부 바벨론 도성(都城)으로 이끌어 들이셨다. 지역 전승에 다니엘과 그 친구들의 무덤이라고 하는 유적지가 한국군의 파병 예정지이던 키르쿠크 구시가지 안에 있다. 이스라엘의 원수인 앗수르 제국의 수도, 니느웨 백성을 구원하시기 위해 하나님은 요나를 이라크 북부 모술 지역으로 불러 오셨다. 요나가 니느웨 백성의 멸망을 감상(?)하려던 그 전망 좋은 언덕 위에는 요나 사원이 있다. 이 이슬람 사원 안에는 전통적으로 요나의 것으로 알려진 무덤이 자리한다. 성경은 이후 오늘날의 이라크 북부와 이란 동부 지역을 장악했던 메데(쿠르드 왕국)에 이어 바사(페르시아) 제국이 이 지역들을 흡수 통합하면서, 바벨론에서 예루살렘 귀환이 이뤄지는 장면에 주목한다.

이렇듯 하나님은 중동 땅 안팎을 무대로 구원사역을 펼쳐 오셨다. 하나님께서 중동 땅에서 이루시는 구원사역의 열매들은 우리의 생각을 훨씬 뛰어넘는 것이다. 그러나 성경을 읽으면서 오늘날의 중동과 성경 속의 그 현장을 연결시키는 경우는 많지 않다. 성경의 이야기는 '성경책' 안에서만 생각하는 인상이 짙다. 성경의 무대인 중동을 진지하게 고려하는 경우가 적다. 기사를 읽고 기도도 하지만 기사 속의 특정 국가가 성경 속에도 등장한다고 생각할 여유가 없어 보인다.

이라크 전쟁을 전후하여 중동에 대한 한국인의 관심이 이전에 비해 월등히 높아지면서 중동 관련 뉴스들도 늘어났다. 그러나 그것이 기독교인의 중동 읽기와 성경 읽기에 큰 변화를 이끌어내지는 못했다. 그러나 중동은 성경의 땅이다. 그리고 하나님의 창조와 타락한 인류를 위한 구속, 즉 재창조의 무대이다. 하나님은 중동을 떠나신 적이 없다.

중동은 또한 선교의 땅이다. 하나님은 아랍 무슬림 가운데 이미 큰 일을 행하고 계신다. 하나님께서는 이미 오래 전부터 그 땅에 동풍이 불게 하셨다. 이라크를 비롯한 중동은 하나님의 구원의 역사 현장이었고, 7세기 초 이슬람화되기 이전에 기독교 복음으로 꽃피우던 나라였다. 하나님은 한 번도 이들을 포기하신 적이 없으셨다. 그들이 아랍계이건 쿠르드계이건 아니면 투르크멘계이건 가릴 것 없이 포기하신 적이 없으셨다.

예수 그리스도를 주로 받아들인 현지인 무슬림 친구를 통해 배운 것이 있다. 내가 그에게 복음으로 다가가기 전, 이미 그를 향한 하나님의 관심은 그에게 임해 있었다. 이슬람 신학을 하면서 오히려 성경에 대한 갈증이 더해진 친구였다. 성령의 도우심이 아니고는 생길 수 없는 일이다. 나의 기도와 치밀한 전략과 애씀, 그전에 이미 하나님께서 그를 품고 계셨다. 어느 날 그 형제가 그리스도를 주라고 고백하는 것을 보는 즐거움, 나는 그 기쁨의 순간을 다른 이보다 먼저 보고 함께 누리는 축복을 얻었을 따름이다. 마치 회심한 사울을 최초로 만난 아나니아가 바울이 그리스도 안에서 한 형제임을 기뻐하는 축복을 누린 것처럼 말이다.

최근 들어 이슬람과 무슬림을 바라보는 시각이 많이 공정해지고 있다. 그럼에도 불구하고 우리 주변에서는 여전히 이슬람과 무슬림에 대한 묵은 고정관념이 널려 있다. 그리고 이 편견 때문에 오히려 '이미 열린 선교'의 문이 닫혀 버리는 어처구니없는 일이 벌어지기도 한다. 이것은 내가 이슬람 세계를 직접 접하기 전까지, 그리고 함께 살아가는 중에도 여전히 맞부닥뜨리곤 하던 편견이기에, 먼저 경험한 자로서 이 상황을 바로 알리고 전해야 한다는 의무감을 갖게 되었다.

《이슬람 신화 깨기, 무슬림 바로 보기》는 내가 아랍 이슬람에 대한 편견을 깨고, 중동에서 만난 하나님에 대한 이야기이다. 처음 중동 땅을 밟던 14년 전만 해도, 나에게 중동이란 자칫 잘못하면 확 잡아먹힐 것 같은 두려움의 땅이었다. 그러나 그 안에는 하나님이 일하심으로 마음이 흥분된 '라합'이 넘쳐나고 있음을 깨닫게 되었다.

이 책을 통해 성경의 땅이며 동시에 선교의 땅인 중동에서 하나님이 행하고 계신 일들을 볼 수 있기 바란다. 하나님의 복음 확장은 비인간적인 일방적인 밀어붙이는 식의 전쟁이 아니다. 그것은 관심이며 대화이다. 편견과 오해, 무관심을 뛰어넘어 중동의 아랍인들과 더불어 듣고 말하고 읽고 쓰고 함께 나눌 수 있기를 바란다.

이 책을 통해 여호수아와 갈렙이 보고 듣고 느끼고 깨닫고 만진 그 하나님의 마음과 손길을 21세기를 사는 독자들에게도 주어지길 소망한다. 아랍 이슬람 세계에서도 일하시는 하나님을 통해 하나님의 선교, 세계 경영을 맛보게 되기를 바란다. 우리는 지금도 가나안 땅 정탐 보고 현장에 서 있다. 어떤 선택을 해야 하는가?

차례

추천의 글

여는 글

1부 이슬람 바로 알기

① 아랍 이슬람 세계의 문화 아이콘

할랄과 하람 15··· 명예와 수치 17··· 청결과 불결 20··· 비데의 원조는 중동 21··· 커피의 원조도 중동 22··· 설탕도 중동에서 흘러나왔다 25··· 거짓말하기와 분 냄 27··· 요르단 아랍어와 이집트 아랍어 29

② 이슬람에 불고 있는 개방·개혁 바람

활개 치는 동성애 33··· 이슬람스럽지 않은 이슬람 여성들 37··· 철옹성 중동, 변화하는 정치·사회적 상황 40··· 관광국가로의 변신은 무죄 43··· 규제 불가 위성방송과 인터넷 44··· 금주와 끽연 46··· 예술과 외설 48··· 성(聖)과 속(俗) 49··· 암만 생각해도 암만이 시원해요 50··· 중국인 일본인, 그리고 한국인 52··· 남한과 북한 54··· 필리핀인, 스리랑카인, 인도네시아인 55··· 외국어 대 아랍어 57··· 기독교인은 야하다 60··· 이슬람 바로 알기와 기독교 바로 알기 61··· 생겼다가 사라진 히브리 학과 62··· 무슬림 아랍어 대 기독교인 아랍어 64··· 믿지 못할 무슬림 대 믿을 수 없는 기독교인 67··· 〈패션 오브 크라이스트〉 열풍 69··· 아랍 이슬람권에 울려 퍼지는 캐럴 74··· 신자는 되어도 크리스천은 되지 않으련다 76

③ 이슬람·무슬림 편견 깨기

무슬림에게 이슬람이란 81··· 알라와 하나님 86··· 무슬림에게 예수의 의미는 89··· 이슬람 세계는 단일한가 94··· 정통교리보다 민간 신앙이 더 빠르다 96··· 모든 무슬림은 꾸란 박사일까 100··· 이슬람은 현대판 적그리스도인가 102··· 이슬람 원리주의에 버금가는 기독교 원리주의 105··· 이슬람이 가는 곳에 폭력과 테러뿐인가 107··· 자폭 테러의 영광? 110··· 명예 범죄와 일부다처제 112··· 이슬람은 확장되는가, 증가하는가 114··· 이슬람 공동체 안에 존재하는 지역감정, 인종 편견 117··· 점차로 증가하는 이슬람 사원? 119··· 이삭의 후예인가, 이스마엘의 후예인가 124··· 성경의 이스라엘과 지금의 이스라엘 126

2부 무슬림 전도하기

1 선교지 단상

나, 무슬림 선교사 맞아요! 133··· 공항사역이 싫다 135··· 고생하고 있습니까 136··· 낯선 고향 137··· 왜 이렇게 난감한 일만 생기나 139··· 김선일의 죽음, 순교 논쟁을 바라보면서 142··· 선교는 매수 행위가 아니다 145

2 이슬람권 선교 허상 깨기

보완(?)되어야 할 선교보안법 149··· 이슬람권 선교는 007 작전을 방불케 한다는데 154··· 24시간 감시중인 종교경찰들? 160··· 이슬람 국가들은 선교사 정보를 서로 공유할까 162··· 한국 무슬림들의 간첩 활동 진상 165··· 가공의 이슬람, 가상의 무슬림 167··· 묵은 정보와 편견의 재보급 169··· 누가 현장 전문가인가 172··· 이라크 전쟁이 가져온 장미빛 낙관론 176··· 선교사인가, 실업자인가 179··· 실패 없는 단기선교 183··· 땅만 밟는 '땅 밟기'는 가라 188··· 선교한국대회 참가는 통과의례 193··· 세계 언론의 관심이 된 한국 교회 196

3 새로운 이슬람 선교의 길

발상의 전환이 필요한 선교 201··· 이제 맞춤형 선교가 되어야 한다 203··· 선교지 언어는 소리의 전달이 아니다 207··· 이슬람 문화를 활용하자 209··· 지역조사, '만남'을 위한 것이다 219··· 이슬람권의 집단 회심 226··· 집단 회심을 어떻게 맞이할 것인가 228··· 한·중·일 공동선교의 시대 231

닫는 글

일러두기

1. 아랍 지명이나 인명 등 고유명사를 적을 때는 (한글) 표준법에 따른 표기보다 해당 국가의 현지 표준어법을 참고하여 발음 나는 대로 옮겼다. 참고로 이집트와 요르단의 표준어법은 다르다. 같은 영문 표기에서 유래한 경우도 읽기가 다르다.
2. '회교(回教)', '회회교(回回教)', 이슬람교, 모하멧교 등으로 지칭하고 있는 명칭을 '이슬람'으로 표기했다.
3. 이 책에서 언급하는 '이슬람권'은 전 세계 이슬람권을 다 망라하지 않는다. 특별한 언급이 없다면 아랍 이슬람권이 중심이다. 그런 이유로 이 책에서 언급하는 이슬람 관련 내용이 다른 이슬람권에서는 달리 해석할 수도 있을 것이다.
4. 이 책에서 '이슬람 문화'는 이슬람으로부터 유래한 문화와 부분적이나마 기독교가 공존하는 이슬람 세계의 문화를 아우르는 개념으로 사용하고 있다.
5. 아랍어를 국어로 사용하는 국가 집단을 말할 때 '아랍' 또는 '아랍 국가'로 표기했다.
6. 이슬람이 국교인 나라들과 무슬림 인구가 전체 국민의 과반수가 넘는 절대다수 국가인 나라들을 일컬을 때 '이슬람 국가'로 표기했다.
7. 아랍 국가에다 이란, 터키, 사이프러스, 아프가니스탄 등을 포함하여 이야기할 때는 '중동'으로 표기했다.
8. 이슬람 신앙을 가진 이들은 '무슬림'으로 표기했다. 그러나 본문 안에 인용된 기사나 발췌문은 원문에 사용한 그대로 '모슬렘'이나 '이슬람교도'로 표기했다.

이슬람 바로 알기

아랍 이슬람 세계에서 만난 현지인들과 다양한 혼합 문화에 처음에는 충격을 받고, 그 다음에는 조금씩 수긍, 그리고 마침내 이해의 눈을 뜨게 되었다. 종교이기 전에 문화로서의 이슬람 환경 속에서 살아가는 무슬림들은 이제 새롭게 불어오는 개방 개혁에 발맞춰 새로운 모습으로 거듭 변모하고 있다. 여기 충격을 넘어 이해로 다가서는 데 도움이 될 문화 아이콘들이 있다. 이 문화 아이콘들은 아랍 이슬람 세계를 보는 눈높이를 조정해 주는 '키'와도 같은 것이다.

아랍 이슬람 세계의 문화 아이콘

할랄과 하람

'할랄'은 종교적으로 허용되는 것이고 '하람'은 종교적으로 금하는 사항을 말한다. 이것은 가능하고 저것은 허용되지 않는 수많은 규정이 이슬람 전통과 법에 담겨 있다. 정육점을 가도, 중동 지역 항공기 기내식 포장지에도 "이것은 할랄 고기입니다"라는 식의 안내문이 등장할 정도다. 이슬람 법에서 규정한 대로 만들었으니 아무 염려하지 말고 먹고 사용해도 좋다는 뜻이다. 이른바 이슬람의 품질보증 마크나 마찬가지이다. 부정한 음식들, 동물 잡는 방법 등이 성경에서도 언급되듯이 꾸란에도 이 같은 규정이 나온다. 그래서 이슬람이 금하는 음식이 상당히 많다. 가장 대표적인 것이 '돼지고기와 술'이다.

이집트에 있을 때이다. 탄자니아에서 이집트로 유학 와서 박사과정을 밟고 있던 한 친구를 만났는데 겉보기에 이 친구는 정말 오랑우탄처럼 몸집이 컸다. 그래서 엉겁결에 "야, 너 돼지 같아……"라고 말하자 이 친구가 아주 험악한 표정으로 말했다.

"김, 그런 말하면 안 돼. 무슬림인 나에게 그렇게 말하는 것은 나의 존재 자체를 무시하고 부정하는 것이야……."

그렇지만 요즘은 자신의 종교적 무지에 대해 별로 부끄러워하지 않는 현지인들도 허다하다. 열심히 종교생활하지 않는다고 책망을 해도 무덤덤하다. 거짓말하고 남의 것 등쳐 먹는 무슬림에게 이것 '하람' 아니냐고 해도 그게 무슨 상관이냐는 식이다.

'할랄' 마크는 식당 쇼 윈도우에도 붙어 있다.
이슬람 도살 방식에 의하지 않은 음식은 무슬림들에게 금지된다.(영국 맨체스터)

무슬림들이 많이 사용하는 관용어 중에 '왈라히(신에게 맹세코)'라는 말이 있다. '이 말을 하는 사람은 진심이겠거니' 생각할 테지만 그것은 오해이다. 거짓 맹세를 하지 말라는 꾸란의 가르침이 있지만, 그것을 습관화된 관용어로만 사용하는 사람들이 의외로 많다.

라마단 금식을 지키지 않는 사람에게 "왜 라마단 금식을 지키지 않느냐"라고 물었다. 여차여차 변명을 한다. "나중에 몰아서 지키면 된다"느니 "라마단 금식을 대신할 방안이 있다"라고.

이슬람 사원 앞에 서 있으면서 금요기도 시간이 되어도 기도 한 번 안 하는 사람들에게 "아니, 금요기도회가 무슬림에겐 가장 중요한 의무인데 어기면 되냐?"라고 물어도 그냥 무덤덤하다.

아랍 이슬람 세계에서 판매되는 공인된 '노 알코올'이라는 맥주가 있다. 그런데 이 '노 알코올' 맥주에 함유된 아주 미미한 알코올 농도를 가지고도 할랄이냐 하람이냐 논쟁이 치열하다. 물론 종교학자들 사이에서만……

명예와 수치

'가문의 영광', '명예'와 '수치'에 대해 아랍인들의 생각은 대체적으로 우리와 다르지 않다. 개인의 명예와 영광보다 가문의 명예와 영광에 더 관심을 갖는다. 모난 돌이 되는 것보다 가족과 집안의 구성원으로서 제 몫을 하는 것을 더 소중하게 생각한다. 개인의 출세보다 집안의 명예를 더 선호한다. 아직까지 대세가 그렇다는 이야기이다. 이런 점에서 한국인들의 '가문의 영광', '가문의 명예' 하는 사고방식과 유사하다.

그 반면에 수치에 대해 민감하다. 수치와 명예에 대한 집착은 동전의 양면과도 같다. 가문의 명예에 누를 끼친 행위는 가문의 영광을 빛

낸 것과는 비교가 안 되게 더 민감하게 과잉반응을 보이기도 한다. 집안의 법도나 규례를 배반하는 행위나 여성으로서 정절을 깨뜨리는 행위 등은 집안의 수치를 가져오는 가장 큰 허물이 된다. 그래서 명예 범죄가 존재한다. 자기 딸을 죽이고 수감된 아들을 가문의 명예를 지킨 명예로운 자식으로 생각하는 여성도 있을 지경이다. 명예라는 이름으로 덧씌워진 여성들의 억압된 심리를 보이는 듯하다.

가문의 명예를 넘어서 국가의 명예, 고장의 명예도 포함된다. 성경을 읽다 보면 엉덩이(볼기)를 드러내는 형벌이 등장한다. 아랍인들에게 이것만큼 치욕스런 것은 없다. 이라크에서 미군에 의해 자행된 이라크 포로 학대 사건이 아랍 무슬림은 물론 기독교인조차 당혹감을 갖게 한 것은 수치심 때문이다. 수치를 자극하고 명예를 훼손한 미군 당국의 행위는 문명충돌이 아닌 문명파괴 행위인 셈이다.

아랍인들은 많은 면에서 종교적인 할랄과 하람에 대한 강조보다 집안의 명예와 수치에 더 민감하다. 종교적으로 하람에 해당하는 잘못을 했다고 하더라도 그것이 집안의 수치와 무관하다면 그냥 넘어갈 수 있어도, 집안을 수치스럽게 한 행위라면 그것이 하람이 아닐지라도 과잉반응을 보인다. 이것은 체면 문화와도 연결된다. 낯 뜨거운 일을 당했다는 생각은 때론 자기와 직접 상관이 없는 일에 나서서 명예를 지키겠다고 난리를 펴게도 한다.

사담 후세인이 미군의 체포 작전을 피해 상당 기간 이곳저곳을 이동할 수 있었던 것도 이렇듯 이라크인들의 명예와 수치에 대한 개념 덕분이었다. 고자질 같은 배신 행위는 가문의 수치라는 생각이 지배적이기 때문이다. 아직도 많은 아랍인들이 거짓말하는 것보다 고자질을 더 큰 수치로 여긴다.

아랍인이 수치스럽게 생각하는 것 중에는 다른 사람에게 '아니오' 라고 말하는 경우다. 그래서인지 상대방이 묻는 질문에도 웬만하면 '아니오'라고 대답하지 않는다. 낯선 이방인이 길을 물을 때나 어떤 사안에 대하여 '예, 아니오'로 물을 때도 '예'라는 답이 나오곤 한다. 몰라도 모른다고 말하지 않고 자기 딴에 열심히 생각하고 '정답'을 말해 주려고 노력을 한다. 그러다 보니 현지인에게 길을 물어물어 어느 곳을 가려고 할 때 애를 먹곤 한다. 중간에 재확인하려고 다시 길을 묻다 보면, 제자리에 돌아오게 되는 경우가 한두 번이 아니다. '모른다, 아니다'라고 이야기하는 것이 실례이고 수치로 받아들이기 때문이다.

자신이 남과 다르지 않다는 것을 애써 보여 주려는 모습도 일종의 명예와 수치에 대한 개념 때문이다.

"나도 그렇게 생각해요. 똑같아요."

이런 대답을 종종 듣곤 한다. 자신이 말하고 행동하는 것이 다른 사람들과 다르면 스스로 뒤처지거나 모자라다고 생각하는 경향 때문이다. 그래서 더도 말고 덜도 말고 평균 수준, 그것이 안전하다고 생각하는 것 같다. 또 같은 범주의 답을 말하고 나서부터는 조금 더 강하게 비쳐지는 것을 좋아한다. 예를 들면 미국이나 이스라엘에 대한 주제가 나왔을 때 주위 여론이 반미 반이스라엘로 모아지면 그 다음부터는 분위기를 고조시키는 말들을 내뱉는다. 점입가경(漸入佳境)이라 할 정도다. 그래서 처음 중동 지역 민심 기행을 할 때 오해한 적이 많았다.

이런 아랍인들의 정서가 아랍 민심을 오해하게 만든다. 설문조사에 자신의 생각을 표현하는 경우보다 남들의 의견이라고 생각하는 것을 자신의 의사인 양 표현하는 경우가 더 많다. 자신이 다른 사람보다 뒤떨어지지 않았다고 인정받고 싶은 것이다. 결국 가상의 여론이 형성되는 경우가 종종 있다. 그래서 현지인들의 사적인 생각이나 마음을 읽고 싶을 때는 개별적으로 만나야 한다. 옆에 다른 사람이 있으면 자신의 속내를 드러내지 않기 때문이다.

청결과 불결

"아니 어떻게 된 것이 대중목욕탕도 없어? 이 사람들 이렇게 안 씻으면서 몸에 향수만 뿌리고 다니나?"

이런 푸념을 늘어놓는 방문자들을 자주 만난다. 실지로 대부분의 아랍 국가에는 대중탕이 없다. 일부 지역에 일명 터키탕(한국에서 생각하는 그런 이상한 서비스(?) 센터가 아님)이라는 사우나탕이 있지만 일반인이 많이 찾는 장소는 아니다. 돈이 많아서 바닷물을 담수해 펑펑 쓰는 걸프 연안 국가들이나 물이 많아서 걱정인 이집트 같은 나라와 달리 물이 없어서 기름 팔아 물을 사는 나라들도 많다. 게다가 기름도 없고 물도 없어 무척 힘든 나라들도 많다. 그 중 대표적인 나라가 요르단이다.

요르단은 물이 없다. 한국 농촌의 시냇물 같은 그런 작은 강만 몇 개 있을 뿐이다. 게다가 남들 다 가지고 있는 기름도 나지 않는다. 그러니 물난리가 장난이 아니다.

"오늘은 집에 빨리 가 봐야 합니다! 물 나오는 날이거든요."

"손님은 다음 월요일에 오시는 게 좋을 것 같아요. 그날 물이 나오거든요."

'물'과 관련된 대화들이다. 요르단은 그야말로 물 부족으로 시달린다. 주 1회 나오는 물로 일주일을 버텨야 하는 생활은 1999년부터 계속되고 있다. 이제는 적응할 만도 한데 물이 똑 떨어져 버리는 날이면 대책이 없다. 그래도 내가 사는 동네는 조건이 좋은 편이다. 일주일에 두세 시간밖에 물이 나오지 않는 고지대도 얼마나 많은지 모른다. 그래서 물이 부족하지 않은 인근 지역으로 여행할 때면 모처럼 욕조에 물을 잔뜩 받아 놓고 샤워하는 버릇이 생겨 버렸다. 이집트를 가도 그렇고 걸프 연안 국가를 가서도 이런 나쁜 습관은 여지없이 발휘된다. 그 언제쯤 이곳 요르단에서 물 한번 펑펑 써 볼 날이 올는지……

지금도 물이 나오는 일요일이면 새벽부터 분주하다. 빨래 돌리고, 샤워하고 아이들 목욕시키고, 집안 청소도 하고……. 그래서 월세 집을 구하러 다닐 때면 물통이 큰지 물은 언제 나오는지 등을 살피는 것이 가장 중요한 점검 목록이 되었다. 물이 풍성한 한국도 물 부족을 호소하는데 요르단 등 아랍 국가는 물이 없어서 말 그대로 물난리를 겪고 있는 셈이다. 그래도 방문자들이 생각하는 것 이상으로 현지인들이 열심히 씻고 닦는다는 것은 기억해 주었으면 좋겠다. 목욕탕이 없어서 안 씻는 것은 아니다. 그 옛날 한국 사람들이 명절 때가 되어서야 겨우 한번 명절맞이 행사로 목욕탕 갔던 것보다는 훨씬 자주 씻기 때문이다.

비데의 원조는 중동

요즘 한국에서 뜨는 물품 중 하나가 비데(bidet)다. 마치 위생과 청결의 대표인 듯, 웰빙(참살이) 생활의 문화 아이콘으로 자리 잡아 가고 있다. 비데의 사전적 의미는 위생 도기(陶器)의 일종으로 용변 후 생식기와 항문 주위를 세척하는 데 쓰이는 기구이다. 15세기경 프랑스의 귀족사회에서 기르던 애완용 조랑말을 가리키는 단어였으나 16세기부터는 더운물을 담아 놓고 뒷물처리를 하는 도기제품으로 유럽의 귀족계층이 말을 타듯이 걸터앉아 사용한 데서 유래했다고 한다. 서양사 기록에는 루이 14세 때 처음 등장한 것으로 기록되어 있다. 당시 유럽 귀족들이 성관계 전후에 생식기를 닦기 위해 고안한 것으로 추정하기도 한다. 한편에서는 당시에 피임기구로 사용했다는 설도 제기한다.

십자군 원정에서 예루살렘으로 돌아오는 중에 중세 기사들에 의해 발명되었다고 하는데 사실은 그렇지 않다.

비데는 중동이 원조이다. 미개하다고 서구인들이 몰아붙이던 그곳에서 볼일 본 후에 휴지 대신 물을 사용하여 뒤처리를 한 것이다. 이른바 수세식이다. 손과 물을 이용하여 마무리를 했으니 말이다. 깡통이나 물통을 이용하여 물을 퍼서 씻던 것에서 조금 더 발전해 자동으로 좌변기 한 귀퉁이에서 물이 나와 뒷수습을 해 주던 조금은 재래식의 비데가 되었다. 이런 중동의 뒤처리 방식에 눈을 뜬, 원정군에 참여한 귀족들이 비데를 유럽으로 도입했다고 하는 설이 더 정확할 것이다. 한참이 지난 후에 비데는 본래의 용도에 맞게 용변 후에 생식기와 항문 주변을 닦는 데 사용하는 장치로 정착되었다. 치질, 방광염, 질염, 설사로 인한 쓰라림 등을 제거하는 데 좋다고 평가받고 있다.

커피의 원조도 중동

아랍 지역에서 홍차나 커피를 마시지 못하면 어떤 일이 생길까? 아무 일도 벌어지지 않는다. 다시 말해 그 누구도 일하지 않는다는 의미다. 커피나 홍차는 아랍인들의 생활필수품이지 기호품이 아니다. 이라크가 미국 주도로 이뤄진 경제제재로 고통을 당할 때 후세인 정부는 이라크인들에게 생필품을 무상 제공했다. 그 품목 중에 홍차가 들어 있었다. 홍차는 기호식품이 아니라 생활필수품이기 때문이다. 그런 까닭에 아랍인들과 사귀려면 홍차는 기본이다. 또한 터키 커피로 알려진 아랍 커피를 마시는 것도 상식이다. 아니면 최소한 콜라라도 마실 줄 알아야 한다.

커피의 본고장은 브라질이 아닌 이슬람 세계이다. 커피의 원산지는 에티오피아이고, 원조는 예멘이다. 초기 이슬람 시대에 커피의 카페인 성분이 각성 상태를 유지할 수 있도록 도왔기에 종교적인 목적으로 무슬림들에 의해 사용되기 시작했다. 술을 금하는 이슬람의 율법은 커피의 확산을 촉진했다. 그러나 초기 이슬람 시대에 커피는 성직자와 권력자의 몫이었다.

이슬람이 확산되는 곳이면 커피향이 퍼져 갔다. 이 시기에 중동에서는 마끄하(카페)가 생겨났다. '마끄하'는 무슬림 남자들이 이슬람의 신성한(?) 음료 커피를 마시고 교류하는 사랑방으로 자리 잡았다. 함께 커피를 마시고 세상 돌아가는 이야기꽃을 피우는 곳이다. 다도(茶道), 주도(酒道)에 버금가는 '커피 법도'도 있었다. 이슬람 세계를 방문한 유럽인들은 무슬림들이 마시는 검은색 진한 향의 음료를 신기한 눈으로 바라보곤 했다. 십자군 전쟁 과정에서도 동일한 일이 발생했다. 일부 십자군들은 전리품이나 기념품을 챙기듯이 커피 원두를 가져갔다. 그러나 커피는 당시 이교도의 음료로 낙인 찍히면서 배척당했다. 그 독한 맛을 보고는 아연실색하기도 했다. 이들은 커피를 아랍의 신비한 약으로 오해했다. 이 유언비어는 쉽게 유럽으로 퍼져 나갔다. 마침내 유럽에 커피가 소개됐을 때 유럽인들은 만병통치약으로 환영했다. 나중에서야 커피는 약효 때문에 마시는 게 아니라 향과 맛으로 즐긴다는 사실을 알게 되었다.

1665~66년 오스만 제국의 사절단이 프랑스와 오스트리아를 방문했다. 연회를 베풀고 유력자들을 초청했다. 이 자리에서 참석자들의 이목을 집중시킨 것은 다름 아닌 '아라비아의 와인' 커피였다. 오스트리아 비엔나에서 한 시민이 아라비아 산 커피(그 당시에는 터키식 커피로 불렸다)의 쓴맛을 제거하기 위해 그 안에 설탕과 우유를 적절하게 사용하면서 유럽화된 커피 문화를 만들어 내었다. 비엔나 커피가 탄생한

대형 쇼핑몰 안에 자리한 커피숍. 아랍인들은 터키 커피라 불리는
진하고 쓴맛의 아랍 전통 커피를 비롯해 다양한 맛의 커피를 즐긴다.(아랍에미레이트 두바이)

것이다. 오늘날 비엔나에서는 이 커피를 멜랑쉬(Melange)라고 부른다.

이후 14세기 중반 커피와 카페 문화는 유럽 전역을 강타하면서 전체 인구의 3분의 1을 사망시킨 흑사병보다 더 강력하게 번져 갔다. 커피는 유럽 사회에 엄청난 파장을 일으켰다. 사교의 매개체가 되었고, 신분의 상징이 되었다. 커피가 신분의 상징으로 치부되면서 이른바 상류층을 의미하는 카페족이 생겼다. 유한(有閑 : 오락이나 사교를 일삼는다) 부르주아들의 사교장인 '카페(커피 하우스라는 뜻인 카페는 클럽의 위상을 가지고 있었다)'가 만들어졌다. 이미 17세기 후반 런던과 파리에도 카페가 세워졌다. 18세기, 인구 60만의 런던에서만도 카페가 3천여 개에 달했다는 야화는 당시의 카페 열풍을 짐작하게 한다. 서구의 카페는 이후 엘리트들의 문화 중심지가 되었다. 그것도 지역별로 차별성이 드러났다. 여성 출입이 금지된 남성만의 공간이던 영국의 카페와 달리 프랑스는 모든 계급의 남녀노소가 모이는 가장 좋은 만남의 장소였다. 그런 이유 때문인지, 파리의 '카페 포이'에서는 근대사회의 신호탄이 된 바스티유 감옥 공격 계획이 수립되기도 했다. 1789년 7월 13일의 일이다. 서구 근대화의 기폭제가 된 곳이 오늘날 서구 사회에서 전근대적이라고 비난해 마지않는 바로 그 이슬람 세계에서 유입된 커피 하우스, '카페' 였다는 사실은 아이러니이다.

설탕도 중동에서 흘러나왔다

설탕이 이슬람 세계를 통해 유럽에 전해졌다는 것과 설탕을 나타내는 '슈가' 라는 어휘가 아랍어에서 비롯한 것임을 눈치 채는 이들이 많지 않다. 설탕은 중동의 이집트나 요르단, 메소포타미아 등지에서 재배하던 사탕수수에서 만들어졌다. 구약성경에 설탕과 소금으로 막대한 부를 축적한 한 도시국가 이름이 등장한다. 바로 '소알'이다. 소알이라는 말은 '작다'는 뜻의 어휘와도 유사하지만, '설탕'이라는 어휘에서 비롯한 것으로 보인다. 영어로는 설탕을 'Sugar'라고 표기하지만, 고대 셈어에서는 설탕을 '소가르', '슈카르', '소아르' 등으로 발음했다. 이 단어들에서 '소알'이 바로 사탕수수 재배를 통해 설탕을 만들어 수입을 올리던 도시국가였음을 짐작하게 한다.

그 중에서도 이집트는 사탕수수 재배의 중심지였다. 아랍 제국은 이슬람의 깃발을 들고 북아프리카 지역과 시칠리아, 사이프러스, 몰타, 로도스 등 지중해 연안 지역을 점령하면서 이 지역에 사탕수수를 옮겨 보급하였다. 이런 과정을 통해 서구에 유입되기 시작한 설탕은 마침내 996년 베네치아에서도 발견되었다. 베네치아는 이미 그 시기에 설탕을 유럽에 공급하는 주요한 교역 중심지로 떠오르고 있었다. 이후 설탕의 독점력이 떨어지고 서구 기독교 제국들이 식민지를 개척하고 그곳에서 설탕을 집단 재배하면서 설탕의 중심지는 중동에서 지중해로, 지중해 지역에서 대서양 지역으로, 스페인과 포르투갈의 식민지 전쟁을 통해 북미와 남미로 옮겨졌다. 십자군 전쟁은 서구 기독교 세계에 설탕의 단맛을 널리 전한 계기가 되었다. 그때까지도 서구에서는 단맛을 내기 위하여 벌꿀을 사용하고 있었다.

트리폴리 평원의 들판에서 그들이 '주크라'라고 부르는 꿀 갈대를 많이 볼 수 있었다. 사람들은 이런 갈대들을 열심히 빨아 먹는 일에 익숙해 있었다. 그 맛있는 수액을 즐기고 있었다. 그 수액은 단맛이 나긴 했지만 전혀 물리지 않는 것 같았다. 그 주민들은 아마도 상당한 노력을 들여서 그 식물을 키우는 것 같았다. 그 주민들은 엘 바리에, 마라, 아르카의 공격 기간 동안에

닥쳐온 무서운 굶주림에 시달리면서도 이 단맛이 나는 사탕수수로 연명을 했다.(《설탕과 권력》 중에서, 지호 역간)

십자군 전쟁을 통해 이슬람 지역 일부가 서구 제국의 손에 들어왔을 때 이미 그곳에서는 사탕수수 재배와 설탕 생산이 이뤄지고 있었다. 이 모든 것을 쉽사리 장악하고 누릴 수 있게 된 것이다. 그러나 설탕이 서민들의 식탁까지 녹여 준 것은 아니다. 여전히 일부 제한된 상류층에서 약재나 권위, 품위의 상징으로 쓰일 정도였다. 유럽에서 설탕이 대중화된 시기는 16세기 초의 일이다. 포르투갈을 위시한 서구 기독교 제국들이 앞 다투어 식민지 쟁탈에 나섰을 때, 아프리카 식민지 노예들을 동원하여 대서양 제도(諸島)에서 사탕수수를 대량으로 생산하기 시작하면서부터이다.

거짓말하기와 분 냄

거짓말도 나쁜 것이지만 화내고 분노하는 것은 더 나쁘다고 아랍 이슬람권 사람들은 생각하는 모양이다. 스스로 절제하며 화내지 않고 멋있게 점잖게 이야기하는 것이 예의라고 생각한다. 그러나 거짓말로 남을 속이고 등쳐 먹는 행위에 대해서는 별다른 양심의 가책을 느끼지 않는 이들도 많이 본다.

2004년 1월 초순, 이집트를 방문했다. 한국 대사관에서 행사가 있다는 소식을 듣고 나일 강변에서 택시를 타고 대사관으로 향했다. 다른 일행도 있었는데 이들도 같은 장소에서 택시를 타고 뒤를 따랐다. 대사관에 도착해서 적당한 금액의 택시요금을 냈다. 그랬더니 운전사가 정색을 하며 곱절의 요금을 요구했다. 지나가는 사람에게, 심지어

손님을 기다리며 대기중인 택시들. 미터기 없이 손님과 택시 운전기사의
통산 관례로 요금을 지불해 시비가 이어진다.(이집트 카이로)

대사관에서 근무하는 이집트인 직원들에게 내가 낸 요금이 타당하다고 동조를 구하려 했지만, 묘하게도 대다수의 현지인들이 택시 운전기사의 억지스런 요구에 동조를 했다. 그러나 그가 요구한 요금은 정상 요금의 두세 배가 넘는 것이었다. 참고로, 이집트 택시는 미터기가 작동하지 않아 대충 알아서 요금을 내고 받아야 한다.

　나보다 늦게 출발한 일행도 때마침 대사관에 도착했다. 그쪽 택시 운전기사는 내가 내고자 했던 요금만 받고는 고맙다는 말까지 남기고 떠났다. 그렇다면 내가 탄 택시 운전기사의 요구가 정당한가, 다른 일행을 태우고 온 택시 운전기사의 요구가 정당한가? 만약 현지인들이라면, 당연히 내가 내려고 한 금액 이상은 내지 않았을 것이다. 그것은 그 거리에 합당한 금액이었다. 그런데도 그 요금으로는 말도 안 된다며 지나가는 사람들을 붙잡고 동의를 구하는 운전기사의 모습은, 상황에 따라 사람에 따라 거짓말하는 것을 아무렇지도 않게 여기고 있음을 잘 보여 주는 예이다. 오히려 어떤 현지인들은 나에게 흥분하지 말고 그냥 돈을 더 주라고 점잖게(?) 충고까지 곁들이기도 했다. 거짓말하는 운전사보다 화를 내는 내가 그 아랍 세계에서는 훨씬 몹쓸 사람이 되는 순간이었다.

요르단 아랍어와 이집트 아랍어

'이자이약', '키이팍', '케이파 할락', '슈 로오넥' 이 말들은 모두 아랍어이다. 공통점이 보이는가? 전혀 보이지 않을 것이다. 그런데 다 같은 뜻의 아랍어이다. "모양도 다르고 발음도 다른데 어떻게 똑같은 뜻이냐" 하고 반문하고 싶겠지만 어쨌든 다 같은 의미다. "어떻게 지내세요?" 또는 "안녕하세요?"에 해당하는 아랍어이다. 순서대로 말하면 이집트 아랍어, 요르단 아랍어, 걸프 지역 아랍어, 이라크 아랍어이다.

벌써 14년 전의 일이다. 아랍어 공부를 했고, 이슬람에 대해서도 연구까지는 아니더라도 어느 정도 상식을 갖추게 된 것 같았다. 이집트에 도착한 지 얼마 되지 않은 어느 날, 그날도 여느 때처럼 언어도 익히고 현지인들과도 더 가까워질 요량으로 카이로 시내로 나갔다. 그리고 한 현지인과 이야기를 하게 되었다. 그런데 대화를 막 시작하기도 전에 난데없이 현지인이 충격적인 발언을 던졌다.

"지금 불어 합니까? 아니면 어느 나라 말로 하는 겁니까?"

순간 머리가 띵했다. 그후 한동안 말문이 막혀 버렸다. 입이 떨어지지 않았다.

'아니 내가 이 정도밖에 안 되나…….'

생활 아랍어와 문어체 아랍어의 차이를 감안한다 해도 그 충격은 오래 갈 수밖에 없었다. 그런데 그것은 단지 시작일 뿐이었다. 그후로 말문이 잘 열리지 않는 날에는 가장 기초적인 인사말조차 제대로 발음하지 못할 때도 있다.

"아랍어는 정말 배우기 힘든 말이다. 포기하고 싶다!"

하루에도 몇 번씩 고통을 곱씹곤 한다. 아랍어를 만난 지도 25년이 넘었는데, 여전히 이 지경이니 어떤 때는 내가 아랍어과 출신이라는 사실이 드러나는 것조차 괴롭다.

2000년 봄으로 기억한다. 요르단 암만의 한 아랍인 교회를 방문했다. 아랍어과 출신 선배인 R선교사가 동역하고 있는 교회였다. 예배중에 대표기도를 하게 되었다. 물론 표준 아랍어가 아닌 생활 아랍어로 했다. 예배 후 교제 시간에 "오늘 김 목사님의 기도가 은혜 되었다"라는 이야기를 듣고 기분이 좋았다.

그 다음 주에는 내가 설교를 하게 되었다. 출애굽기 14장 21절을 본문으로 '이미와 아직 그 사이에서'라는 주제로 하나님의 말씀을 나누었는데, 예배 후에 "김 목사님, 오늘 설교 잘 이해했습니다"라는 반응이 돌아왔다.

'이것 참, 무슨 일이야. 짧게 아랍어로 기도했을 때는 은혜 받았다고 하더니 설교에는 은혜를 못 받고 겨우 이해만 하는 정도였다고?'

힘이 쭉 빠졌다. 사실 목회자가 설교하고 나서 교인들에게 은혜를 끼치지 못했다는 생각이 들 때면 힘이 빠지지 않겠는가.

그런데 사실은 이러했다. 나는 이라크인들이 많이 모인 공동체 예배에서 요르단 아랍어로 설교를 한 것이다. 즉, 경상도 토박이들 모임에서 전라도 사투리로 설교를 한 것이나 다름없었다. 그렇다면 설교가 이해되었다는 말도 과히 나쁜 반응은 아니었던 셈이다.

아랍어에는 문어체 아랍어 외에 각 나라별로, 각 나라의 각 지역별로 사투리가 있다. 억양이나 어휘도 다르게 나타난다. 우선은 육하원칙에 등장하는 의문사가 다 다르다. 예를 들면 '언제 어디서 누가 무엇을 어떻게 왜'라는 말이 이집트에서는 '마타, 펜, 민, 에, 이자이, 레'로 표현된다면 요르단 등지에서는 '엠타, 웬, 민, 에쉬, 키이프, 레이쉬'가 된다. 그리고 같은 아랍어 단어인데도 나라별로 의미가 조금씩 다르다. 선생님이라는 뜻의 단어 '무알림'이 어느 지역에서는 지나가는 행인을 부를 때 사용하기도 하고, 또 어느 지역에서는 특별히 존칭어로서 선생님을 지칭할 때 쓰이기도 한다. 교수를 뜻하는 '우스타즈'라는 단어도 비슷하게 쓰인다. 어느 나라에서는 단순하게 노동자를 지칭하는 단어인 '무한디쓰'가 박사 학위가 없는 전문직 고위 공무원들에게 붙여지는 타이틀이 되는 경우도 있다.

한 나라 안에서도 지역별로 아랍어 쓰임새가 다르다는 것은 말투만 봐도 그 사람이 어느 지역 사람인지를 쉽게 알 수 있다는 것이다. 이 말투, 즉 사투리로 인해 겪은 씁쓸한 추억이 있다.

"김, 너 같은 한국 사람이 어떻게 이집트 사투리로 말하는 거야?"

요르단에 정착해서 요르단 대학을 다닐 때 종종 이런 말을 듣곤 했다. 요르단에서 이집트인들은 대개 3D 업종에 종사하고 있고 요르단인들은 스스로를 정통 아랍인의 후예로 자부하면서 이집트인들을 무시한다. 그런데 꽤 괜찮아(?) 보이는 한국인이 이집트 사투리를 섞어 쓰니 요르단인 친구가 듣기에 조금 언짢았던 모양이다. 그 뒤로 나는 '괜히 이집트 사투리 써서 무시당하지 말아야지' 하면서 내 아랍어에 남아 있는 이집트 사투리의 잔재를 청산하느라 애를 먹었다. 그러나 여전히 이집트 아랍어가 나도 모르는 사이에 스며 나온다.

지금도 아랍어를 말하고 쓰면서 실수를 계속한다. 실수를 통해 배우기도 하지만 배우는 과정에 고통도 수반한다. 그래도 요즘은 다른 아랍 국가를 가기 전에, 아니면 공항에 도착하기 전에 그 나라 식으로 표현하는 방법을 기억할 수 있게 되었다. 내가 직접 표현은 못해도 상대방이 무슨 말을 하고 있는지는 감을 잡을 수 있게 되어 다행이다. 그런데 또 다른 문제는 어느 나라를 방문한 후에는 어느새 그 나라 말투를 따라하고 있는 경우이다. 지난 2003년과 2004년에는 유난히 이라크를 방문할 기회가 많았다. 이라크 사투리와 요르단 사투리는 판이하게 다른데도 무의식중에 이라크 말투가 요르단에서도 툭하고 터져 나올 때면 '앗 실수! 여긴 요르단이지……' 하면서 말투를 바꾸느라 식은땀을 흘리기도 했다. 이럴 때는 '모르는 것이 약이다'라는 생각이 든다.

이슬람에 불고 있는 개방·개혁 바람

활개 치는 동성애

중동 지역을 돌아다니다 보면 남자들끼리 손을 잡거나 다정스럽게 팔짱을 끼고 가는 모습을 종종 목격하게 된다. 카이로를 찾는 이들이 이런 풍경에 '이 사람들 동성애자 아닌가' 하고 의심을 품기도 하지만 그럴 때마다 "아니, 이곳 풍습이 그런 것이지, 동성애와는 관계없어요"라고 현지인들이 친절하게 설명해 주지만……

전 세계적으로 맥도널드는 절대 망하지 않는다는 신화를 만들어 가고 있다. 그래서일까? 이른바 빅맥지수(Big Mac index)라는 것은 전 세계 물가지표를 나타내는 독보적인 위치를 가지고 있다. 그런데 그런 맥도널드가 요르단 암만에서는 영업실적이 안 좋아 문을 닫은 일이 있었다. 암만 시내 중심지, 암만 최대의 광장이 있고, 2천여 년 전의 로마 유적지(데가볼리의 하나)가 있고, 공원이 있으며, 중부 지역과 암만 시내 곳곳을 연결하는 대중교통 터미널이 있는 이곳에 맥도널드 지점이 하나 있었다. 이렇게 길목 좋은 곳도 찾기 힘들다. 그런데 이 맥도널드가 한 3년 전에 망했다. 속사정이 뭘까? 그 이유 중 하나가 주변 분위기 때문이었다. 암만 시내의 그 맥도널드 주변은 이른바 여장 남자 거리 혹은 게이 거리로 불렸다. 4년여 전부터 사람들이 그렇게 부르기 시작했다. 사실 요르단에서 동성애 혐의로 구속된 남자들의 경우, 이 맥도널드 인근 장소에서 연행된 경우도 많았다. 이렇게 소문이 퍼지자 가족 단위로 맥도널드를 찾던 고객들이 이곳을 꺼리기 시작했고 결국 맥도널드는 간판을 내려야 했던 것이다.

2001년 5월 11일 새벽, 이집트 경찰은 카이로의 부촌 자말렉 섬 근처 나일 강에 떠 있던 선상 나이트클럽에서 난장판 집단 성행위를 벌인 혐의로 55명을 체포했다. 얼굴에 칠을 한 채 동성애와 그룹 섹스를 벌이다 새벽에 들이닥친 경찰에 연행된 것이다. 소식통에 따르면 중상류층의 의사, 엔지니어, 학생들인 이들은 일주일에 두 번 정도 난장판 파티를 벌여 온 것으로 알려졌다. 이들의 체포와 국가보위법정에서 사법처리가 이어지면서 동성애 인권단체와 국제사면위 등 인권 감시단체가 이들의 거취에 깊은 관심을 표명하고 나섰다. 그것은 이들의 구속 기소 사유가 성적 취향 문제이기에, 이들은 양심수라는 것이다. 인권단체는 모든 인간은 표현의 자유를 누려야 한다며 이집트 당국에 이들에 대한 즉각적이고도 무조건적인 석방이 이뤄져야 한다고 주장하고 나섰다.

2000년 5월, 이집트에서는 동성애자의 결혼 계약을 둘러싼 법정 공방이 펼쳐지기도 했다. 언론이 관심을 가졌지만 법정에서 시비가 된 것은 강압에 의한 성추행 여부에 국한되어 심리가 진행되었다. 이집트는 중동의 다른 나라에 비하여 동성애자들이 상대적으로 많은 것으로 추정한다.

그러나 대부분의 이슬람 국가들은 동성애자들을 엄격하게 처벌하고 있다. 그 중 가장 대표적인 나라가 사우디아라비아이다. 사우디아라비아에서 동성애 행위는 최고 사형감이다. 인권감시(Human Rights Watch)에 따르면, 2000년 7월 사우디아라비아에서는 6명의 남성이 남색(男色) 죄로 처형됐으며, 2001년 4월에는 9명의 남성이 복장도착과 '비정상적 성행위'로 각각 2천4백 대와 2천6백 대의 태형을 선고받았다. 형벌은 15일 간격으로 매번 48~52대로 2년에 걸쳐 나눠 받도록 돼 있다. 한 번에 다 맞으면 사망할 수 있기 때문이다.

요르단의 2000년 통계에 따르면, 남색 혐의로 구속 기소된 수는 1999년 50여 명으로 매년 가파른 상승세를 보여 준다. 레바논에서 논란중인 동성애 옹호 사이트 폐쇄 사건, 동성애 파티장으로 제공한 두바이의 나이트클럽 폐쇄 조치, 공공연한 동성애자들의 커밍아웃 등은 결코 단발적인 사건들이 아니다.

카이로의 한구석에서 동성애자들이 모이고, 암만의 어딘가에도 이른바 동성애자 거리는 존재한다. 사담 후세인 정권이 무너지자 이라크에서도 노골적으로 동성애자의 상징색인 핑크 깃발을 내걸고 국토대행진을 하는 일까지 벌어졌다.

이렇듯 중동 젊은이들 사이에서 공공연한 동성애가 증가하는 이유는 어디에 있을까? 원인 규명을 위한 구체적인 설은 없다. 선천적인 것인가, 아니면 후천적인 것인가? 현지인들은 이런 문화가 서구에서 유입된 것으로 몰아간다. 그러나 서구에서 온 것이 아니라 자생적인 것으로 보는 것이 옳다. 성경에도 이미 롯의 시대에 소돔·고모라 지역 등에 동성애가 널리 퍼졌다는 것과 이스라엘 왕국 시대에도 오늘날의 이스라엘을 포함한 중동 지역에 동성애자들이 존재했음을 적고 있다. 그

후에도 중동 곳곳에서 동성애 문화가 잔존했음을 보여 주는 많은 증거
가 있다.

현재 일부에서는 지참금을 매개로 이뤄지는 중동의 결혼제도를 원인
으로 지목한다. 지참금 마련에 실패한 남자들이 혼기를 놓치면서 겪게
되는 성적 충동 제어장치가 부족하다는 것이다. 아울러 인터넷과 위성
수신율의 급격한 증가에 힘입어 퍼지고 있는 불건전한 퇴폐풍조 등의
영향도 있다. 대개의 중동 국가들은 반이슬람 사이트나 동성애 사이트
를 엄격히 통제하고 있다. 위성수신을 허용하되 채널에 통제를 가하기
도 한다. 그렇지만 이미 안방 깊숙이 들어와 버린 음란 사이트나 위성
방송 등은 정신을 갉아 먹고 있다.

점점 가중되어 갈 아랍 동성애자들의 커밍아웃이 중동에서 어떤 파
장을 몰고 올지에 주목된다. 이미 몇몇 웹 사이트를 통해 아랍 동성애
자들의 활동이 구심점을 갖기 시작했고, 국제사면위 등에 동성애자들
의 권익을 옹호하는 분과활동이 왕성하게 펼쳐지고 있다. 과연 이슬람
사상은 인권과 동성애 금지 규정 사이에서 어떤 귀결점을 가지게 될
까? 중동 지역의 종교계 인사들을 비롯하여 사회학자들과 심리학자들
이 이에 대한 입장을 정리중인 것으로 보인다. 이들 중 다수는 동성애
를 병적 현상으로 사회에서 뿌리 뽑아야 할 것으로 평가하였다. 일부
종교계 인사들은 이들을 처형해야 한다, 화형에 처해야 한다고 주장하
기도 했다. 대부분의 중도적 인사들은 이들이 재적응할 수 있을 때까
지 사회에서 격리하여야 한다고 대안을 제시하기도 했다. 중동에서 개
인의 표현의 자유라는 이름으로, 인권보장이라는 이름으로 동성간의
성행위나 남색하는 일이 받아들여질 수 있을까? 앞으로 자의반 타의반
동성애자들의 공공연한 자기 주장이 중동에도 거세질 것으로 보인다.

이슬람스럽지 않은 이슬람 여성들

"아랍 여성들은 사진 찍는 일은 조심하셔야 합니다. 먼저 말을 거는 행위도 위험합니다. 특별히 히잡을 쓴 여성들에게 접근하지 마세요."

아랍 이슬람 세계를 방문하는 이들에게 주어지는 주의사항 중 하나이다. '이슬람 여성들'이라 하면 가장 먼저 어떤 이미지가 떠오르는가? 무고한 명예 범죄의 희생자, 강요된 정조와 순결을 위해 여성 할례를 당하고 있는 사람들, 일부다처제 등으로 남성우월주의와 가부장제로 고통받는 사람들, 그래서 인권과 인격이 무시당하는 그야말로 인권 사각지대에 놓인 여성들 등이 연상되지 않은가? 무엇보다도 온몸을 감싸고 있는 검은 천의 옷이나 베일은 억압받는 무슬림 여성의 상징과도 같다.

"무슬림으로 태어난 것도 안타까운데, 게다가 여성으로 태어나다니……."

이슬람 세계를 품고 기도하는 이들은 안타까움을 감추지 못한다.

그러나 실상, 이슬람 세계 여성들의 삶은 우리가 생각하는 것보다는 훨씬 나은 편이다. 물론 서구의 기준에서 보면 열악한 것이 사실이지만 중동에 불어오는 개방과 개벽의 바람이 이슬람 여성들의 생활 속으로 깊숙이 침투한 것도 역시 사실이다. 특히 여성들의 의상 표현 방식은 가히 폭발적인 변화를 맛보고 있다. 각 나라의 쇼핑몰과 거리에서는 쉽게 볼 수 없는 도발적인 의상과 자기 표현을 감행(?)하고 있는 여성들로 넘쳐나고 있다.

암만 최고의 문화 쇼핑 공간인 '메카 몰'에는 전통적인 복장으로 온몸을 감싸고, 머리가리개인 히잡으로 얼굴을 감싼 여성들 사이사이로 눈길을 끄는 여성들이 많이 보인다. 온몸에 착 달라붙는 티셔츠와 바지 차림의 여성들, 도발적인 분위기를 연상시키는 아랍판 글래머 여성들로 가득하다. 선선해지는 저녁 무렵에 모로코의 수도 라바트에 자리 잡은 맥도널드나 외국 브랜드 매장에는 잘 차려 입은 여성들이 몰려들기 시작한다. 이들의 차림새만으로는 이곳이 이슬람 왕정 국가 모로코라는 사실을 인식하기 어렵다. 레바논은 여성 패션이 가장 자유로운 나라 중 하나이다.

비록 머리에 히잡은 쓰고 있어도 무슬림 여성들의 패션 의지는 전 세계 다른 나라의 여성들과 동일하다. 막스 마라, 크리스천 디오르, 지방시를 비롯한 온갖 유명 메이커의 패션 의류가 날개 돋친 듯 팔려 나간다. 가슴이 움푹 파인 옷은 물론이고 몸에 착 달라붙는 티셔츠나 바지, 민소매 티셔츠에 다양한 반바지, 힙합과 미니스커트도 예외가 아니다. 거리에서는 엉덩이 윤곽이 드러나는 치마와 바지, 터질 것같이 꽉 조이는 웃옷이나 가슴선을 강조하는 옷 등으로 간접적인 노출을 시도한다. 여기에 옆선이 트인 치마가 등장하고, 몸을 움직이면 허리 속살이 드러나는 간이 배꼽 티셔츠도 유행하고 있다. 전통복인 여성 겉옷인 질바압도 재질이 얇아지고 색상이 조금씩 다양해졌다. 단색이던 히잡도 이미 총천연색으로 바뀌었다.

아랍 사회에서 야한 옷차림새를 하는 사람들은 흔히 기독교인으로 간주했다. 어떤 여성은 늘씬한 몸매를 드러내는 옷을 입고는 자신이 기독교인인 양 위장하기도 했다. 이른바 종교적 기독교인이 아니라 문화적으로 기독교인인 셈이다. 그러던 것이 최근 여유 있는 무슬림 여성들을 중심으로 복장의 개방화 물결이 대세를 이루기 시작한 것이다.

이런 와중에 부작용(?)도 생겨나고 있다. 그동안은 자연 미인, 건강 미인이 대세였는데 이제는 그 지위가 흔들리고 있다. 사실 벨리댄스로 알려진 아랍 전통의 배꼽춤은 늘씬한 허리춤이 아니라 비만스러울 정도로 둔한 허리를 요염하게 움직이는 춤이었다. 아랍 이슬람권 여성들의 비만율은 낮지 않다. 활동량은 적은 반면 섭취되는 칼로리가 높기 때문이다. 그러나 최근 들어 건강한 몸매 가꾸기에 관심이 고조되면서 헬스와 다이어트를 실시하는 여성들이 늘어나고 있다. 모녀가 어우러져 체육관이나 사원 앞마당을 뛰거나 걸으면서 살을 빼는 풍경도 종종 목격할 수 있다.

위성방송이 집마다 달려 있어서 음악전문 방송과 여성 방송, 패션 방송 등은 아랍 여성들에게 새로운 현대적 미에 대한 갈증을 돋우고 있다. 텔레비전이나 영상물도 이슬람 정체성을 뒤흔들고 있다. 아랍의 대표적인 위성방송 채널 중에는 하루 종일 뮤직비디오를 틀어 주는 음악전문 방송 채널도 있다.

"아니 저 가수들이 아랍 여성이 맞나요? 한국의 이효리보다 더 요란스럽네요."

보수적인 아랍인들이 퇴폐적이고 선정적이라고 비판을 퍼부어 대는 방송들이 하루 종일 위성을 통해 흘러나온다. 레바논의 낸시 아즈람, 엘리사, 이집트의 루비 등 대표적인 여성 가수들의 뮤직비디오가 아랍 사회에 충격을 주고 있다.

이미 수년 전부터 성을 주제로 하는 토크쇼나 불륜을 주제로 다루는 영화나 드라마가 주목을 받고 있다. 아랍의 여성지나 일부 위성 채널에서는 자위·근친상간·동성애 문제 등이 다뤄지곤 한다. 엄격한 이슬람 율법에 억눌려 온 중동 지역 여성들에게 성개방 풍조가 급격히 확산되고 있다는 주장이 있다.

영국 옥스퍼드 대학교에서 5년 전 개최한 아랍 국가 성문제 회의를 통해 중동 지역 여성의 성문화 실상이 외부에 공개됐다. 이 자료에 따르면 모로코에서는 70퍼센트, 레바논에서는 50퍼센트 이상의 여성이 혼전 성 경험을 갖고 있다. 이 주장을 다 받아들일 수는 없지만 변화가 있는 것만은 확실해 보인다. 성문화가 상대적으로 자유로운 레바논은 기혼녀보다 독신녀의 성생활 만족도가 높은 것으로 나타났다. 불법으로 규정된 낙태수술도 공공연히 행해지고 있다. 요르단 대학교 학생들에 따르면 학교 주변에도 처녀막을 복원시술해 주는 간이 클리닉들이 은밀하게 늘어나고 있다고 한다.

아랍 이슬람 세계에 독신녀가 급속히 증가하고 있고, 그 연령층도 높아지고 있다. 얼마 전까지만 해도 여자 나이 25세 이상이면 중년으로 불렸고 노처녀를 보는 시선도 곱지 않았다. 신체적, 성적 기능에 이상이 있으니 결혼을 못한 것이라는 오해를 받기 일쑤였다. 그런 따가운 시선과 부모의 강권에 못 이겨 원치 않는 중매결혼을 하는 경우도 많았다. 그러나 최근 아랍 각국의 통계자료를 살펴보면 여성의 결혼 연령이 급격하게 높아졌다. 20대 후반은 물론이고 30대 중반에도 결혼을 하지 않은 여성이 가파르게 늘고 있는 것이다. 2000년 기준, 이집트의 인구 통계에 따르면 이집트의 35세 이상 남녀 1,700만 명 가운데 50퍼센트가 넘는 900만 명이 미혼이다. 이 중 미혼 여성이 370만 명으로 20퍼센트를 넘고 있다. 이렇듯 독신이, 그 중에서도 여성 독신이 늘고 있는 원인으로는 경제난과 과도한 결혼 비용, 확산되는 여권 의식과 여성의 사회적 활동 증가 때문이다.

철옹성 중동, 변화하는 정치 · 사회적 상황

1991년의 걸프 전쟁은 중동의 정치 · 사회적 상황에 지각변동을 일으켰다. 중동의 정치적 상황을 짧게 표현한다면 '친미 보수왕정이나 친미 군부 독재'이다. 이라크와 시리아, 리비아 등이 반미전선을 형성하고 있지만 실상 속내는 그렇지만 않다. 이슬람 사회주의의 대표적인 국가인 리비아조차도 지난 2003년 경제제재 조치가 풀리면서 대서방 개방 정책으로 전환하고 있다. 미국의 진출이 점진적으로 이뤄지고 있고, 가다피의 해외 나들이가 잦아지고 있다. 시리아가 아사드의 뒤를 이어 바샤르가 집권하면서 생존을 위한 개방, 개혁, 민주화의 도정에 들어서 있다. 이집트의 오랜 독재 상황도 정권 안보 차원에서 제한된 개방과 민주주의를 허용하는 추세이다. 아울러 차기대권을 무바라크의 아들인 가말에게 넘겨 주기 위한 단계적인 작업이 진행중이다.

　개방과 개혁은 정치 분야에만 국한된 것이 아니다. 전통을 유지하려는 몸부림과 개방의 빗장을 열어젖히려는 안간힘이 서로 힘겨루기를 하고 있다. 여전히 '시온주의 타도, 팔레스타인 지지'를 외친다. 그러나 아랍의 대의니 이슬람 형제애는 이론상으로, 비정부 차원에서 보이는 것뿐이다. 예전 같았으면 벌써 아랍 연합군을 구성해 이스라엘과, 그리고 이라크를 공격한 미국과 한판 겨루었을 법도 하다. 석유를 무기화하여 뭔가 실력행사라도 했을 것이다. 그러나 아무 일도 벌어지지 않고 있다. 요란한 말잔치만 있을 뿐이다. 정권은 한결같이 실리를 따라 미국의 눈치 보기와 눈도장 찍기에 바쁘다. 팔레스타인인들이 거의 무제한 자유로이 드나들던 요르단도 허가증이나 초청장 없이는 방문할 수 없다. 간간이 벌어지던 아랍권의 미국 상품 불매운동이니 반시온주의 운동이니 하는 이념도 국익과 실리 앞에 의미가 퇴색해 간다.

　민족주의 이슬람의 대표격인 터키도 유럽 연합 가입을 위해 몸부림치고 있다. 적대관계인 그리스와의 화해 제스처는 물론이고 유럽 연합의 기준에 맞추기 위한 법적 제도적 정비를 해야 할 판이다. 원리주의 이슬람의 대표 주자인 이란도 하타미 정권이 들어서면서 적극적인 개방과 개혁의 물꼬가 터진 상태이다. 이란은 이제 이슬람식 민주주의

쿠웨이트 증권거래소 풍경. 외국인은 찾아볼 수 없고 현지인만이 가득하다.
중동 지역은 성장 이데올로기가 종교를 앞서고 있다.(쿠웨이트 쿠웨이트시)

가능성을 내다보게 해 주는 시금석이 되었다. 물론 하메네이를 중심으로 하는 보수 이슬람 원리주의 진영의 응전은 보수화된 의회와 3권위에서 힘을 행사하고 있는 하메네이의 강력한 제재를 받고 있다.

관광국가로의 변신은 무죄

중동의 산유국들도 석유만으로 잘 먹고 잘살 수 있다는 생각을 바꾸고 있다. 석유자원은 언젠가 바닥이 날 것이라는 위기감에 석유를 대체할 새로운 돌파구를 모색하고 있다. 경제개방과 관광산업 증진이 그 대표적인 것이다.

사우디아라비아조차도 관광산업에 팔을 걷어붙이고 나섰다. 이미 단체 관광객을 대상으로 한 관광비자를 지난 2000년부터 발급하고 있고, 관광산업에 적극 나서고 있다. 페르시아만안협력회의(Gulf Coope ration Council : 1981년 5월에 페르시아만 안의 6개 아랍산유국이 역내 域內 협력을 강화하기 위해 결성한 지역협력기구) 6개국들은 지금 실무 차원에서 원비자(one visa) 제도를 검토중이다. 비자 한 장으로 인근 6개국을 둘러볼 수 있도록 하는 제도가 시행될 가능성이 높아 가고 있다. 이들 페르시아만안협력회 6개국은 나름대로 관광 증진을 목표로 하고 있다. 이들 국가들은 이른바 환경관광 상품 개발에 주력하고 있다. 아울러 전통적인 관광 대국인 이집트는 물론이고, 리비아가 10여 년 가까운 경제제재로부터 자유로워지면서 관광산업에 박차를 가하고 있고, 인근 모로코, 튀니지 등과 연계한 상품 개발이 이뤄지고 있다.

요르단도 예외가 아니다. 이스라엘과 자존심 싸움을 선언하고 나섰다. 이스라엘만 성지가 아니라 요르단도 성지라는 것이다. 요르단 정부는 요단 강 건너편 베다니, 예수님의 세례터 등을 발굴하고, 2000

년 3월 21일 교황 요한 바오로 2세의 예수님 세례터 방문 등을 성사시키면서 본격적으로 성지 사업에 뛰어들고 있다. 2000년 9월, 이스라엘이 남부 레바논에서 철군하면서 레바논도 다시금 중동의 에덴을 외치면서 관광 증진에 힘을 쏟고 있다. 물론 터키가 관광 대국을 꿈꾼 것은 이미 오래 전부터다. 시리아와 이라크도 고대문명 발상지임을 내세워 관광산업에 투자하고 있다.

경제 측면의 변화로는 크게 정보기술(IT) 분야의 투자 촉진 정책과 외국 사업가에 대한 스폰서 제도의 부분적인 폐지를 들 수 있다. 사우디아라비아는 외국인의 투자 유치를 위하여 외국인이 단독으로 사업을 할 수 없게 발목을 잡아 둔 제도인 '현지인 후견인 제도'를 부분적으로 완화하고 있다. 인근 걸프 국가들도 적극적으로 이 문제를 검토중에 있다. 아랍에미레이트의 경우는 두바이의 '두바이 인터넷 시티(DIC)'에 외국 IT 기업을 적극 유입하고 있다. 인터넷 시티는 중동의 IT의 메카로 자리매김하고 있다. 세계 유수의 IT 업체들은 물론 중동 각국의 주요 IT 관련 업체들도 이곳에 입주하고 있다. 요르단과 이집트도 이른바 인터넷 시티를 적극 개발하면서 무관세 등의 혜택과 외국인의 100퍼센트 지분 보장 등을 내세우고 외국 기술과 자본의 유입을 기대하고 있다. 이스라엘과 미국의 계속되는 견제를 받고 있는 시리아도 군사 대결 구도를 지양하고 경제 개방 정책을 밝히고 있다.

규제 불가 위성방송과 인터넷

걸프 지역은 한 집 건너 한 집 간격으로 위성수신 시설을 갖추고 있을 정도이다. 요즘은 디지털 위성수신 시스템을 통해 아시아권은 물론 유럽 전역의 위성수신 방송을 볼 수 있다. 위성방송 중 포르노 방송 채널

위성수신 접시들이 도시 가득히 넘쳐난다.
중간중간 이슬람 사원들이 눈에 띈다.(이집트 카이로)

은 최소 수십, 수백 개의 포르노 방송이 별도의 수신 카드만 설치하면 쉽게 접속된다. 당국은 포르노 방송을 통제하고 있지만 뚜렷한 법적, 기술적 규제 장치가 없다. 수신 카드 없이도 해킹 등을 통해 포르노 방송에 접근하는 별도의 프로그램을 파는 업소들도 공공연하다. 수신 카드를 복제하여 공급하는 업소들도 계속적으로 증가하고 있다.

아울러 폭발적인 증가를 보이고 있는 이 지역 네티즌과 함께 포르노 사이트의 안방 침투도 무차별적으로 이뤄지고 있다. 2005년이면 아랍 이슬람권의 네티즌 수가 전체 아랍 이슬람권 인구의 9퍼센트에 가까운 2천 5백여만 명에 이를 것으로 전망한다.

대부분의 보수적인 아랍 이슬람 국가들은 여전히 인터넷 사이트에 대한 규제와 단속을 벌이고 있다. 사우디아라비아의 경우 자국 내 모든 인터넷 서비스 제공업체(ISP)의 회선들이 정부의 중앙 제어장치 (node)를 통과하도록 해 포르노 등 문제 사이트들을 제어하고 있다. 그렇지만 포르노 사이트의 특성인, 치고 빠지기 작전을 완벽하게 차단할 방법은 없어 보인다. 더욱이 인터넷 포르노 사이트에 접속하려고 국제전화를 이용하거나, 사이트 접속 제한이 없는 요르단 등 인접 국가의 ISP를 이용하여 인터넷을 항해하는 것을 막을 제도적인 장치도 없다. 위성수신 안테나와 PC 공급률이 높아지고 네티즌이 증가할수록 포르노 애호가(?)들도 계속 늘어날 전망이다. 아랍권의 수요를 반영하듯 일부 포르노 방송 업체에서는 아랍어 자막이나 아랍어를 제공하고 있다.

금주와 끽연

술을 마시는 것, 좀더 정확히 말해 법이 허용하지 않은 공공장소에서 알코올 음료를 마시는 것은 법으로 규제하고 있다. 그러나 묘하게 요르단이나 웬만한 아랍 국가에서는 주류 판매상이 버젓하게 영업하고 있다. 공식적으로 마시지 않을 뿐이라고 현지에서 만난 많은 사람들이 입을 모아 말한다.

음주가 공공연하게 이뤄지면서 음주운전도 심각한 사회문제로 부각되기 시작했다. 통계수치에 정확하게 반영되지는 않지만 음주사범들도 해마다 증가하고 있는 것으로 관계자들은 말하고 있다. 특별히 중동 지역 곳곳에서 발생하는 적잖은 교통사고가 음주나 마약복용으로 발생한 것으로 분석하고 있다. 그동안 마약복용 운전에 대한 단속은 공공연하게 이뤄졌다. 그런데 이제는 음주운전 단속도 공개적으로 이뤄지고 있다. 최근 이집트는 음주운전 단속을 강화했다. 이집트 정부는 최악의 교통사고 국가라는 오명을 벗기 위해, 2004년 11월 하순부터 음주운전자와 약물복용 운전자에 대한 집중 단속에 들어갔다.

음주가 이슬람 사회의 금기 사항이라면 흡연은 아무런 제재도 없다. 끽연은 무제한으로 허용되는 것이다. 최근에는 10대의 흡연율이 폭발적으로 증가하고 있다. 세계적으로 금연운동이 전개되면서 아랍 사회에서도 금연장소가 규정되긴 했지만 참고 사항일 뿐이다. 공항이나 쇼핑몰 등 공공장소에서 흡연은 금하지만 이를 위반해도 단속하는 경찰

물담배(시샤 또는 나르길라)를 피우고 있는 이집트의 젊은이들. 중동 전역에서 볼 수 있는 풍경이다.(이집트 남부 아스완)

이 없다. 일반 담배는 물론이고 '나르길라'나 '시샤'로 불리는 물담배도 아랍 사회 깊숙이 자리하고 있다. 웬만한 찻집이나 식당에서 물담배를 피우는 사람들을 만나는 것이 그리 어렵지 않다. 최근에는 여성들도 공개적인 자리에서 물담배를 피우거나 흡연하는 비율이 높아지고 있다. 한 달간 낮 시간 동안 금식을 하는 라마단 기간 동안 담배 소비량이 느는 것도 밤새도록 담배를 피워 대는 이들이 많기 때문이다.

예술과 외설

요즘 아랍 위성방송이 흔들리고 있다. 특별히 음악 채널은 하루 종일 흔들어 대는 아랍 가수들과 댄서들의 현란한 몸짓으로 충만하다.

"저 텔레비전에 나오는 여자 가수들이 모든 아랍 여성을 대변하는 것은 아니다. 레바논 문화는 너무 선정적이고 도발적이다. 아랍 젊은 이들의 영혼을 갉아먹는다."

요르단 대학교 앞 맥도널드에서 만난 한 요르단 젊은이가 아랍 위성 음악 방송을 보면서 내뱉는 말이다. 맥도널드나 버거킹은 물론이고 사람들이 많이 모이는 공간에는 예외 없이 아랍 위성 음악전문 방송이 흐르고 있다. 어깨 끈이 없는 야한 옷을 걸친 아랍 여성들이 서양의 어떤 연예인보다도 멋진 노래와 춤을 선사하고 있다.

"그런데 저 방송은 아랍 방송 아니죠? 아랍어로 들리기는 하지만 저 춤동작이나 몸짓들이 장난이 아닌데요!"

단기선교차 중동을 방문하는 한국인들이 종종 하는 말이다. 이렇듯 외국인이 봐도 탄성이 나오는 판국이니 현지 아랍인들의 문화충격은 이만저만이 아닐 것이다. 한국에서도 잘 알려진 벨리댄스는 수십 명의 무희들이 상체 하체를 흔들어 대는 춤이다. 이런 위성방송 장면을 두고 성의 상품화냐 여성의 아름다움의 적극적인 표현이냐의 논쟁도, 예술이냐 외설이냐의 논쟁도 아랍 이슬람권에 번져 간다.

성(聖)과 속(俗)

무슬림들에게 성과 속의 구별은 없다. 이슬람이 단지 종교 영역에만 힘을 행사하는 것이 아니라 삶의 모든 영역을 아우르기 때문이다. 그러나 이런 개념이 거룩함과 속됨이 하나된 것, 세상(속)이 거룩하게 유지되는 것을 의미하는 것은 아니다.

무슬림들은 기도를 하기 전에 세정식을 행한다. 외부에 노출되어 있는 손과 발, 코, 귀, 입 등을 닦는 행위이다. 세상 살면서 보지 못할 것 본 것 씻어 내고, 듣지 못할 것 들은 것 씻어 내고, 먹지 못할 것 먹은 것 씻어 내고, 말하지 못할 것 말한 것 씻어 내고, 가지 못할 곳 간 것 씻어 내고, 하지 말 것 한 것 씻어 낸다는 의미이다. 그러나 이런 행위도 요식행위로 치부하는 세속화된 무슬림들이 늘어 간다. 이들은 행위가 아니라 '마음이 중요하다'고 강변한다.

기성세대나 보수적인 종교계에서는 최근 아랍 이슬람 젊은이들의 성개방 풍조나 자유분방해지는 스타일에 대하여 우려하고 있다. 그러나 기성세대도 점차 종교적 열심을 잃어 가고 있다. 이슬람이 삶의 총체적인 체계임을 교리적으로 인정하면서도 문자 그대로 믿고 사는 것을 우스꽝스런 짓이라고 생각하는 이들이 증가하고 있다.

"어떤 음악을 듣고 어떤 옷을 입느냐, 어떤 헤어스타일을 즐기느냐는 개인적 취향이다. 이슬람은 외형적인 것이 아니라 내면에 자리하고 있다. 팝송이나 서양 음악과 외제 옷을 좋아한다고 무슬림으로서 신앙심이 퇴색하는 것은 아니다. 나는 현대화된 무슬림이다."

　쿠웨이트를 방문했을 때, 모로코나 다른 아랍 국가를 찾았을 때도 들곤 하던 말이다. 이런 주장은 세속화된 무슬림들의 정체성 혼돈을 반영하고 있다. 이슬람에 대하여 보다 탄력적으로 이해하는 경향으로 보이기도 하지만, 종교를 더 이상 삶의 영역에 적용시키지 않으려는 성속 이원론이 유입되어 있는 것이기 때문이다.

암만 생각해도 암만이 시원해요

여름철이 되면 아랍 피서객들로 암만 시내는 북적댄다. 걸프 지역의 더위를 피해 가족 단위로 온 사람들이 대부분인데, 번듯한 집을 통째로 월세를 내고 빌려 쓰는 이들이 많다. 시내 곳곳에는 떼지어 몰려다니는 가족 피서객들로 분주하다. 길을 모르는 방문자들 중 다수가 차량 혼잡을 가중시키는 것도 피서철 풍경이다. 이들 걸프 지역에서 온 피서객들은 어림잡아 50여만 명 안팎이다.

　왜 요르단이 피서지가 되었는가? 암만에 번듯한 휴양시설이 있는 것도 아닌데? 이유는 단순하다. 암만이 분지가 아닌 탁 트인 해발 900미터 안팎의 산악도시이기 때문이다. 평균 잡아 걸프 지역보다 10도는 낮은데다가 때를 따라 불어 주는 시원한 바람이 더운 한여름을 지내기에 적격이다. 게다가 걸프 지역보다 이곳 요르단의 물가가 싸다. 걸프 지역 국가들에 비한다면 볼거리도 풍성하다. 여성들의 사회적인 활동이나 나들이도 자유롭다. 게다가 걸프 지역 국가들과는 달리 인터넷이나 위성방송 수신이 금지된 접근제한 구역도 없다.

　이들 아랍 피서객들을 맞이하는 요르단 현지인들의 표정은 다양하다. 상점과 식당, 임대아파트, 빌라 등을 소유하고 있어서 대목 장사를 하는 이들이야 기쁜 환호성을 지르지만, 노출을 꺼리지 않는 일부 아

걸프 지역에서 나들이 나온 아랍인들. 걸프 지역 아랍인들은 해마다
여름철이면 인근 아랍 국가나 유럽 등지로 장기간 휴가를 떠나곤 한다.
(요르단 남부 페트라)

랍 여성들을 보며 눈요기를 하면서도 눈살을 찌푸리는 이들도 있고,
기생관광을 온 일부 피서객들을 호객하는 업소—물론 공식적으로 간판
을 걸어 놓고 일하지는 않는다. 게다가 걸리면 형사 처분을 받는다—들과
일부 나이트클럽 호객꾼들의 발걸음이 분주하다.

더위를 피하려면 요르단 암만으로 오라. 산 위에서 부는 바람 시원
한 바람, 암만에서 맛볼 수 있다. 그래서인지 요르단 암만은 쉴 새 없
이 곳곳에 새로운 주택 단지가 들어서고 있다. 기존 건물들을 증개축
하는 풍경도 낯설지 않다. 경기가 안 좋다고는 하는데 잘 지어진 집들

은 늘어만 간다. 걸프 지역 출신의 장기 피서객이나 외국인들을 겨냥한 주택경기가 여전한 것이다.

그런데 최근 들어 시리아를 더 선호하고 있다. 요르단을 거쳐 시리아로 향하는 피서객이 많다며 요즘은 여름 대목도 별로라고 푸념을 늘어놓는 요르단 상인들이 많다. 바샤르 대통령 취임 이후 시리아는 경제개방과 개발 정책에 힘을 쏟고 있다. 그 중 하나가 편의시설의 확충이다. 시리아와 국경을 마주하고 있는 덕분에 요르단의 입국자 수는 증가했다. 그러나 스쳐 지나가는 걸프 지역 피서객들이 주를 이룬다는 계산이다. 요르단에 1차 입국할 때도 그렇고 출국하기 위해 시리아에서 요르단에 입국할 때 통계에 두 번이나 반영된다는 것이다. 그래서 실속 없이 여름철 대목 장사를 제대로 하지 못하고 있다는 이야기를 듣는다.

이들 두 나라 외에 레바논도 주목을 받는데 물가가 비싸 조금 기피하는 지역이다. 이보다는 이집트가 전통적으로 피서철 걸프 지역 아랍인들이 찾는 나라이다.

여름철 피서지로 각광받는 요르단이나 시리아, 이집트 등은 걸프 지역 아랍인들을 쉽게 만날 수 있는 기회의 땅이다. 걸프 지역 국가 안에서 금지된 많은 것이 이들 국가에서는 허용해 아랍 피서객들의 마음도 한결 여유롭게 다가온다.

중국인 일본인, 그리고 한국인

처음 이집트에 입국했을 때인 1990년만 해도 한국인의 존재는 미미했다. 동양에서 온 사람을 발견하면 현지인들은 먼저 "씨니(중국인), 야바니(일본인)냐"고 물어 왔다. 이도 저도 아니라고 말하면 인도네시아나 말레이시아인인지를 물었다. 말레이시아나 인도네시아는 이슬람권이어서 중동에 적잖은 사람들이 비즈니스와 공부를 위해 머물고 있었다.

그런데 요즘은 변했다. 한눈에 한국인임을 알아맞히는 현지인들도 늘어나고 있다. 최근 수년 사이에 중국인들의 중동 진입이 러시를 이루면서 중국인에 대한 분명한 분별이 생긴 덕분이다. 중국인들은 말쑥하지 않고 말이 시끄러우며 우르르 몰려다녀 현지인들이 중국인을 알아보기 시작했다. 그래서 겉모습과 말투만으로 중국인인지 아닌지를 구별할 수준에 이른 현지인들이 많다. 그러고 나면 남은 것은 일본인 아니면 한국인이다. 그래서 요즘은 나에게 "당신 중국인 아니냐? 말레이시아 사람 아니냐?" 하지 않고 곧장 한국인임을 알아보는 이가 예전보다는 많아졌다. 그러다 보니 번거로운 일이 하나 늘었다. "그런데 한국은 왜 그래?"라는 질문이다.

"한국은 왜 그래? 남들 다 파병을 철회하는데 한국은 왜 파병하지?"

의아스런 표정을 지으며 묻는 현지인들을 자주 보게 된 것이다.

한국을 아주 대단한 나라로 생각하는 아랍인들이 의외로 많다. 일본 정부가 상당한 지원활동을 하고 있고, 그 좋다는 일제 차가 거리를 누비고, 일제 가전제품이 집안에 가득 차도 이상하게도 일본은 아랍 이슬람 세계의 일상에서 관심을 끌지 못하고 있다. 묘한 일이다. 내 나름대로 고민해 보니 그것은 아랍 현지인들의 일상적인 관심사와 한국이 맞닿아 있기 때문이었다. 특별히 월드컵은 한국에 대한 이미지를 높이는데 메가톤급 위력을 발휘해 줬다. 그래서 한국인을 만나면 대화거리는 풍성하다. 축구 이야기, 자동차 이야기……. 그렇게 이어지다가 "그런데 한국은 왜 그래?"로 결말이 나곤 한다. 질문을 던져 놓고는 스스로 답변을 하는 이들도 많다.

"아니, 미국한테 대들 나라가 어디 있어. 한국이라고 별수 없잖아.

이해해."

한국군의 이라크 파병으로 어떤 형태의 실익을 얻을 수 있는지는 모른다. 그러나 아랍인들의 한국에 대한 인심은 이미 조금씩 깎여 가는 중이다. 민심을 얻기 위한 명분이나 실익은 이미 없는 것 같다.

남한과 북한

1999년 가을, 요르단의 가장 대표적인 영자 신문사 편집인을 만났다. 이야기를 나누던 중에 "북한이 남한보다 강대국이고 잘살지 않나요?" 하고 물어 왔다. 남한과 북한에 대한 신문사 편집자의 인식이 이 정도였으니, 일반 요르단 사람들이야 두말할 것이 없었다. 그러던 것이 지금은 한국을 잘 아는 '지한파' 들도 보게 된다. 여러 가지 요인이 있지만 가장 크게는 중고차의 열매라고 생각한다. 2000년 무렵부터 한국 중고차가 요르단을 비롯해 중동 지역으로 몰려 들어오기 시작했다. 처음에는 중고차로 인해 한국산 자동차에 대한 나쁜 인식이 생기지 않을까 우려하는 분위기도 많았다. 그러나 예상외로 한국산 중고차는 선전했다. 현지인들은 "그만한 가격에 그만한 성능, 대단하다. 일본 차만 좋은 것이 아니다"라며 한국산 차에 대해 강한 호감을 갖게 되었다. 이라크와 시리아에서도 한국산 중고차의 한국 홍보효과는 대단했다. 거리를 누비는 자동차의 20~30퍼센트 이상을 차지하고 있다.

아랍인들은 자존심을 중요하게 여긴다. 많은 아랍인들은 미국에 대한 패배감과 피해의식, 거부감을 가지고 있다. 통칭 반미 감정이라고 할 수 있다. 그런데 그동안 반미 입장에 서 있던 이라크나 시리아, 리비아가 전향을 했다. 사담 후세인에 대하여 거부감도 많았지만 그가 미국에 대항한 것에 대하여 큰 점수를 주었다. 그런데 그도 무너졌다.

반미의 또 다른 기수인 리비아의 가다피는 그 깃발을 내렸다. 미국이 싫어도 드러내 놓고 싫어하는 아랍 지도자들은 이제 없다. 이런 판에 아랍인들에게 북한은 지금도 미국에 거침없이 쓴소리를 해대며 맞서고 있는 것으로 비춰진다. 아랍인들은 북한의 미국 맞서기를 통해 대리만족을 느끼고 있다.

덕분에 한국인들에 대하여 "한국은 왜 그래?" 하면서도 한국인에 대한 좋은 감정을 드러내고 있다. 남한 북한이야 정치적인 구분이고 한국인은 다 같은 것 아니냐고 말한다. 어서 빨리 통일이 되어야 한다고 훈수까지 두는 이들도 많다. 그렇게 되면 아시아에서 중국과 일본을 압도하는 강한 나라가 될 것이라고 미래에 대한 전망까지 곁들인다.

필리핀인, 스리랑카인, 인도네시아인

"가정부나 파출부 필요하세요?"

아랍판 벼룩시장 〈알와씨트〉와 같은 정보지마다 인력공급업체의 광고가 늘고 있다. 중산층 지역에는 거리 벽면에도 인력공급사의 광고문을 볼 수 있다. 여기서 언급되는 가정부나 파출부 인력은 주로 필리핀, 스리랑카, 인도네시아 출신이다. 이들 3개국 출신 여성들이 중동 곳곳에서 파출부 일을 하는 경우가 많다. 처음부터 인력공급회사를 통해 가정부로 취업하기도 하고, 다른 일로 왔다가 직업여성이나 파출부 일을 하는 경우도 많다.

요르단에서 가정부나 파출부로 일하는 여성들은 이들 아시아 3개국 외에도 이집트나 이라크 여성들도 있다. 이라크 여성들이 아랍어를 한다는 점에서 좋기는 하나 인건비가 비싸서 요르단 현지인들은 이라크인 파출부를 꺼린다. 인도네시아 여성은 무슬림이라는 요소가 장점이지만, 가정부나 파출부가 반드시 그 가정의 종교와 같을 필요까지 없다. 필리핀 여성들의 인건비는 다른 두 나라의 경우보다 더 높은 편이다. 그것은 필리핀 여성들이 영어를 구사할 수 있다는 점과 상대적으로 깔끔하게 일을 잘 처리한다는 평가에 힘입은 것이다.

가정부는 고용한 가정에서 숙식을 제공받는 경우가 대부분이다. 이 여성들이 받는 월급은 제각각이다. 아랍 현지인들에게는 인색하게 주는 편이고 외국인들에게는 조금 후한 편이다. 일도 그리 힘들지 않다. 숙식을 제공받으면서 현지인 가정에서 일하는 여성들의 경우 월 140달러 정도 받는 것으로 알려져 있다. 요르단의 일용직 인력 시장에서 하루 단순 인력의 경우 10달러 정도이고, 파출부로 일하는 여성들이 시간당 2~3달러를 받는 점을 고려하면 턱없이 싼 임금이다.

숙식을 제공받는 여성들은 거의 하녀 수준으로 일한다. 나름대로 점잖은 집안은 가정부에게 배려를 하지만, 그런 경우를 만나는 것은 행운이라고 말한다. 식당은 물론이고 공원이나 쇼핑 센터를 가도 어린아이들을 돌보는 아시아 여성 가정부를 볼 수 있다. 여유 있는 가정의 해외 나들이에도 가정부들이 동행한다. 집안 안팎에서 아이들을 돌보는 일은 기본이고 여러 가지 집안 살림도 이 여성들의 몫이다. 가정부나 파출부 여성들이 겪는 어려움 중 하나는 인권침해에 해당하는 갖은 폭언과 구타 등을 당하는 경우가 많다는 것이다. 현지 언론에도 가끔 부당 착취를 이유로 법정에 서는 현지인들이 소개된다. 그러나 그것은 빙산의 일각일 뿐이다.

여권을 인력공급회사에서 보관(?)해 두어서 혼자서 출국할 수도 없다. 주인집 남자에게 성폭행을 당하는 경우는 물론, 폭력의 희생자가 되기도 한다. 필리핀 대사관 같은 경우는 아예 이들 여성들을 보호하기 위한 활동을 벌여야 할 정도이다.

　그런 굴레에서 벗어난 일부 여성들이 직업여성으로 전환하는 경우도 있다. 현지 남성들은 대부분의 필리핀 여성들을 싸잡아 직업여성으로 간주하는 경우도 많다. 이런 현지 남성들의 따가운 시선에 필리핀 여성으로 보이는 다른 동양 여성들은 물론이고 한국 여성들조차 씁쓸한 경험을 하게 만든다.

　얼마 전 선교사로 요르단에 입국한 한국인 남자 선교사가 있었다. 이 H선교사는 필리핀에서 현지인 자매와 결혼하고 함께 입국했다. 그러나 얼마간 시간이 흐른 뒤 H선교사 부부는 선교지를 바꿔야 했다. 아내가 필리핀인이라는 것 때문에 현지인들이 선교사의 아내를 아주 가볍게 취급하고 따가운 시선을 보내는 것을 견뎌내기가 힘들었던 것이다.

　외국인의 출입이 많은 이집트나 요르단 같은 곳에서는 동양 여성들에게 달라붙는 현지인들을 자주 보게 된다. 동양 여성들을 성적인 해소 대상으로, 아니면 지참금 부담 없이 결혼할 수 있는 파트너로 간주하는 이들이 많다. 또한 동양 여성들은 유럽 여성 못지않게 성적으로 개방적이라는 편견이 아랍 남성들 사이에서 번져 가고 있다. 그래서인지 동양 여성들을 바라보는 현지인 남성들의 음침한 표정은 줄어들지 않고 있다.

외국어 대 아랍어

아랍을 방문하다 보면 외국인은 당연히 영어를 말한다고 믿는 현지인들을 만나곤 한다. 아니면 프랑스어권 지역에서는 으레 프랑스어를 읽고 쓴다고 믿는다. 이런 오해와 융숭한 대접(?)으로 곤경에 빠지기도 한다.

"아니 외국인이 영어를 그렇게 못할 수가 있나요? 게다가 대학원에 다니고 있다면서……. 나는 대학 문턱에도 못 갔지만 영어를 하는데 말입니다."

이집트 카이로 시내의 한 찻집에서 현지인을 만나 이야기를 나누던 한국인 방문자들에게 던진 뜨끔한 이야기다. 아랍인들은 엉터리 영어라도 외국인 앞에서 주눅 들지 않고 내뱉을 수 있다. 어설픈 아랍어로 현지인의 환심을 사는 것이 점점 더 불가능해진다. 서투른 아랍어보다 서투른 영어가 오히려 더 효과적이다. 얼마 전까지만 해도 서투른 아랍어를 하는 외국인의 정성을 갸륵하게 받아 주곤 했다. 그러나 지금은 서투르게 아랍어로 말하면 "영어 못해요? 영어로 이야기하시죠!" 하고 되묻는 일이 많아졌다.

"외국인인 나도 아랍어를 열심히 사용하는데 아랍인인 네가 아랍어를 사랑하지 않으면 어떡해?"

이렇게 핀잔 섞인 말을 해도 "그래서 어쨌다는 거냐" 하며 영어로 다시 응수하는 이들도 종종 만난다. 중동에서 아랍어를 정성스럽게 쓸 때 대접해 주는 나라가 줄어들고 있다. 묘한 현상이다. 그러나 아랍어 쓰는 외국인이 반가운 나라도 여전히 있다. 걸프 지역 국가들의 경우는 외국인이나 현지인이나 일상생활 깊숙이 영어를 사용한다. 그도 그럴 것이 거주자의 80퍼센트 안팎이 비아랍권으로 가득 넘쳐나기 때문이다. 외국에서 받아들인 인력들에게 아랍어를 자유자재로 사용할 수 있도록 훈련시키고 일자리를 줄 수는 없는 일. 그러다 보니 현지인들이 영어로 말하고 쓰는 지경에 이르렀다. 동네 슈퍼를 가도 아랍어 조금 하는 외국인 근로자들이 가득하다. 이런 분위기에서는 외국인이 아랍어를 읽고 쓰는 것이 걸프 지역의 현지 토박이 아랍인들에게는 큰 호감으로 다가선다.

시리아와 레바논, 모로코나 튀니지, 알제리 등에서는 영어를 못하면 완전히 문맹이다. 영어만 문제가 아니다. 길거리 간판이나 표지판, 심지어 기차역이나 공공장소 안내판도 다 프랑스어와 아랍어로만 적혀 있다. 요즘 조금씩 아량이 넓어져서 영어 간판이나 안내문도 늘어 가지만 대세는 프랑스어이다. 이들 지역의 현지인들은 프랑스어를 공용어로 사용한다. 최근에는 공용어 수준을 넘어서서 모국어로 자리 잡아 가고 있다. 젊은 세대일수록, 배웠다는 사람일수록 프랑스어를 말하고 읽고 쓰고 하는 것에 거부감도 어색함도 없다.

언젠가 모로코에 갔을 때 일이다. 공항에 도착해 만난 공항직원들은 아랍어를 더 많이 사용하고 있었다. 의사소통에 크게 걱정할 것이 없겠다는 생각이 들었다. 사실 아랍어를 조금 할 줄 아는 내 입장에서 그나마 아랍어가 통하지 않으면 더욱 곤경에 빠지는 느낌이 들곤 한다. 그러나 시내에 들어서자 상황이 바뀌기 시작했다. 기차를 타고 카사블랑카를 들렀을 때도 그랬다. 한국 대사관에 전화를 하자 현지인 직원이 프랑스어로 먼저 맞아들였다. 택시를 타자 프랑스어가 먼저 들렸다. 외국인이면 다 프랑스어를 한다고 생각하고 배려하는 인상을 주었다. 아니면 외국인에게 자기 프랑스어도 막힘이 없다는 것을 자랑하고 싶은 것인지도 모를 일이었다.

인상적인 경험은 모로코 북부 지중해 연안의 스페인이 마주하고 있는 도시 탕헤르를 찾았을 때의 일이다. 이 지역 사람들은 기본적으로 아랍어와 프랑스어를 사용한다. 물론 모든 현지인들이 읽고 쓴다는 것은 아니다. 아울러 이곳이 유럽과 아프리카를 연결하는 최대의 관광도시이고 관문이어서 수많은 외국인들이 이곳을 오간다. 특별히 스페인인들도 즐겨 찾는다. 이 도시에서는 아랍어에 프랑스어는 기본이고 스페인어를 못하면 장사도 잘 안 된다. 금상첨화로 영어까지 하는 현지인들도 부지기수이다. 자기들끼리도 아랍어 조금, 프랑스어 많이, 그리고 영어를 섞어 가면서 스스럼없이 이야기하는 것을 보고는 부러웠다.

기독교인은 야하다

1999년 요르단에 발을 들여놓았을 때만 해도 반바지 차림으로 길을 오가는 현지인들을 거의 볼 수 없었다. 그런데 요즘은 적잖은 현지인들이 반바지 차림으로도 거리를 활보한다. 암만 최대의 쇼핑몰인 '메카 몰'이나 '압둔 몰'에 가면 유럽풍의 패션으로 장식한 여성들도 많이 볼 수 있다. 그런데 여성들의 이런 개방적인 옷차림에 보수 무슬림들은 "저 여자들은 기독교인이야"라고 말한다. 위성방송에서 요란하게 몸을 흔들어 대는 아랍 가수들이 등장한다. 저래도 되느냐고 물으면 "저 여자 레바논 사람입니다. 기독교인이거나 기독교 물을 먹은 여자지요"라고 말한다.

이렇듯 '기독교인은 야하다'라고 생각하는 현지 아랍 무슬림들이 많다. 그것은 어느 정도 사실이기도 하다. 기독교인들이 많이 몰려 있는 곳은 다른 지역과 '물'이 다르기 때문이다. 바그다드에 위치한 기독교인 밀집 지역에 가자 여성들이 노출이 심한 옷차림으로 동네 골목을 오가고 있었다. 남의 시선 아랑곳없이 파인 옷을 입고 거리를 활보한다. 그래서 그들을 보는 이라크 현지인들은 "기독교인들은 다 저래!" 하고 거침없이 말하고, 보수적인 무슬림들은 기독교인들을 향락 퇴폐 문화의 원천으로 간주하는 것이다. 그러면서도 자신들이 노골적으로 끈적끈적한 시선을 보내며 여성들의 몸매를 감상하는 것은 큰 잘못이 아니라고 생각한다. 중동 거리는 밝아오고 있지만, 길을 오가는 외국인 여성들이 뭇 남성들의 뜨거운 눈길로부터 자유로울 수 있으려면 아직까지는 수녀 복장을 해야 할 것 같다.

이슬람 바로 알기와 기독교 바로 알기

이슬람 세계에서 이슬람 바로 알기가 하나의 화두이다. 이슬람 원리주의의 입장에서 꾸란의 정신으로 돌아가자는 운동이 이슬람 바로 알기로 이어진다. 개방과 개혁으로 캠퍼스가 서구화되고 패션과 말투가 변해 가지만, 또 한편으로 캠퍼스에서는 복고풍의 물결도 일고 있다. 자유분방한 복장의 학생들과 온몸을 히잡과 전통의상으로 감싼 여학생들이 동시에 늘고 있는 것도 이런 시대상의 반영이다.

아랍 사회에서 기독교 바로 알기도 점차 고조되고 있다. 2004년에 큰 인기를 얻은 영화 〈패션 오브 크라이스트(The Passion of The Christ, 그리스도의 수난)〉에 쏠린 현지 아랍 무슬림들의 관심이 그 단적인 예이다. 무슬림들이 관심을 갖는 것은 영화가 헐리우드에서 만들어졌기 때문이 아니다. 영화가 반유대주의에 기여하고 있어서도 물론 아니다. 13세기 이상 기독교와 공존해 왔으면서도 정작 교회 문턱은 밟아 본 적도 없고, 기독교 신앙에 대해 객관적으로 접할 기회가 없던 이들에게 최근 중동 전역의 전운이 번져 가면서 또 다른 세계에 대한 관심과 '지피지기(知彼知己)' 분위기가 확산되고 있는 것이다.

그러나 개인 차원에서는 기독교인들의 믿음에, 예수의 복음에 대한 관심이 늘어나고 있다. 머리에 히잡을 쓴 아랍 무슬림 여성이 버젓이 기독교 서점을 출입하는 모습이 눈에 띄기도 하고 무슬림 복장을 한 채로 기독교인 예배에 참여하는 현지인들도 늘고 있다. 실정법상 무슬림이 기독교인 모임에 참여하는 것 자체가 불법은 아니다. 개종을 금지한 것이지 출입하거나 교제하는 것이 문제 되지는 않는다. 물론 가족 사이에서는 갈등을 불러일으킬 소지는 있지만 말이다.

생겼다가 사라진 히브리 학과

이스라엘 바로 알기에 대한 관심도 커지고 있다. 아랍 이슬람권의 가장 분명한 적이며 라이벌인 이스라엘과 그 사상적 토대인 시온주의에 대해 제대로 모르면 결코 중동의 미래를 보장받을 수 없다는 위기감 때문이다. 그렇지만 아직까지는 개인 연구기관이나 팔레스타인 인권단체에서 이스라엘 바로 알기, 시온주의 분석하기 등의 움직임이 주류를 이루고 있다.

아랍 이슬람권에서 가장 많이 사용하는 정치, 종교 구호가 있다면 그것은 '시온주의자 타도'이다. 시온주의자라는 말에는 우리 역사에서 친일파니 빨갱이니 하던 말 이상의 부정과 거부의 의미가 가득한 용어이다. 시온주의(Zionism)는 19세기 후반 동유럽 및 중부 유럽에서 시작한 팔레스타인 땅에 유대 민족국가를 건설하는 것을 목표로 한 유대 민족주의 운동이다. 시온주의도 정치적, 종교적 시온주의 등 다양한 경향을 보인다. 공통점이 있다면 예루살렘 또는 '시온'으로 표현되는, 약속된 땅을 회복하려는 유대인과 유대교의 민족주의적인 운동이다.

그 외중에 요르단의 국립대학인 요르단 대학교에 유대교 연구 학과를 개설했다가 폐쇄한 일이 있다. 물론 대외적으로는 '유대교 연구 학과'라는 명칭을 사용하지 않았기 때문에 요르단 대학에 그런 과가 있다는 것을 아는 이들도 거의 없다. 국립 서울대학교에 일어일문학과를 개설하려다가 여론의 거부감으로 포기한 2000년의 사례가 연상된다. 그래서 공개적으로 여론화하지도 않고 슬그머니 유대교 연구 학과를

반이스라엘 시위현장에서 이스라엘 깃발이 불타고 있다.
요르단대학교 학생 시위 현장.(요르단 암만)

개설하여 운영한 것이었다. 이 대학원 석사과정 프로그램에는 아랍어로 히브리 학과라는 식으로 표기했다. 그리고 주로 시온주의의 현대적 경향에 대하여 연구했다. 2004년부터는 더 이상 신입생을 받지 않음으로 자동적으로 과가 없어져 버렸다. 지원자가 줄어든 것은 졸업 이후 확실한 취업의 기회나 미래가 불분명한 것이 그 한 가지 이유였다. 그래도 요르단 국립대학에 이스라엘 관련 학과가 생길 정도였다는 것은 요르단 정부의 이스라엘 바로 알기에 대한 노력의 단면을 보여 준다.

그렇다고 히브리 학과에서 친이스라엘적인 사상이나 시각을 가지고 있던 것은 아니다. 이슬람의 입장에서 정치적 시온주의를 분석하고 현대 이스라엘을 규정하기 위한 노력이 주류를 이루었다.

학문의 영역에서 이스라엘 바로 알기가 진행되었지만 반이스라엘 시위나 반이스라엘 웹 사이트 개설과 운영은 불법이다. 반미 시위자에 대해 엄격한 법 집행을 해 온 한국 정부와 비슷하게 반이스라엘 시위는 요르단의 국가보안법 관련 규정으로 엄격하게 단속하고 있다. 여전히 이스라엘 문제는 뜨거운 감자이다.

무슬림 아랍어 대 기독교인 아랍어

1990년 겨울, 이집트 카이로의 한 교회 청년부에서 "앗쌀라무 알라이쿰 와라흐마툴라히 와바라카투흐(알라의 자비롭운 자애와 평화가 여러분에게 깃들기를 원합니다)"라는 인사말과 함께 간략하게 내 소개를 한 적이 있다. 얼마 후 카이로에서 가장 대표적인 개신교회에서도 이와 동일한 인사를 했다. 그리고 모임을 마친 후 헤어질 때는 "피 아마닐라히(알라의 평안 가운데 잘 가세요)"라고 인사를 했다. 그런데 아뿔싸! 이 것은 엄청난 대형 사고였다. 내가 한 말들은 교회에서 인사하면서 "부

처님의 대자대비하신 은공으로 여러분을 축복합니다"라고 하거나 "부
처님의 은공을 힘입으십시오"라고 한 것이나 다름없었다.

같은 아랍어라고 해도 기독교인이 쓰는 아랍어가 따로 있다는 사실
을 알게 된 것은 얼마간 시간이 흐른 뒤였다. 내가 외국어대학교 아랍
어과에서 배운 아랍어는 대다수의 일반인이 쓰는 보통 아랍어였다. 그
보통 아랍어를 굳이 쓰지 않고 독특한 단어들로 종교적인 표현을 하는
아랍 기독교인들이 있다는 사실은 충격이었고 혼동이었다. 그러면 기
독교인들이 쓰는 아랍어는 어떤 아랍어인가? 어떻게 말하는 것이 기독
교적이고 어떤 것이 이슬람적인가? 고민스럽기도 했다.

기독교인들은 만나서 반갑다며 '쌀렘 라쿰(평화가 당신에게)' 정도로
인사한다. 헤어질 때면 '랍비나 마아쿰(주님이 함께하시길)' 이나 '알라
마악(하나님이 당신과 함께)' 라고 인사한다. 일반 아랍어로 '앗쌀라무 알
라이쿰(평화가 당신에게)' 이나 '마앗 쌀라마(평화와 함께)' 와 의미상 큰
차이가 없지만 아무튼 그렇게 인사를 나눈다. '알라(하나님이라는 뜻으
로 기독교인들도 사용한다)' 라는 단어보다 '랍(주)' 이라는 단어를 더 선호
한다. '앗쌀라무 알라이쿰' 이라는 인사말 대신 아예 '마르하바(반가워
요)' 로 인사를 나눈다.

기독교인들의 아랍어 관용어법은 말만 들어 봐도 그가 기독교인이라
는 티가 난다. 흔히 '구원' 이니 '영광' 이나 '은혜' 니 하는 단어를 사용
하는 사람들이 필경 기독교인인 것과 마찬가지이다. 한국에서도 이런
용어나 개념을 비기독교인들은 잘 이해하지 못한다. 분명히 한국어임
에도 불구하고 그 의미는 외계어 수준일 것이다. 동일하게 아랍어에도
대다수의 무슬림 아랍인들이 알아듣지 못하는 외계어 같은 아랍어가
존재한다. 그것은 기독교인들만이 독특하게 사용하는 관용어나 특정한
의미로 쓰고 있는 아랍어 어휘들이다.

　요르단 암만의 Y언어학교에서는 기독교 아랍어를 가르친다. 아랍어 찬양도 배우고 아랍어 성경도 읽고 아랍어 구어체도 배운다. 그런데 이 아랍어는 교회에서 기독교인을 상대로 할 때는 더할 나위 없이 유익한 것이다. 그런데 여기서 배운 아랍어가 아랍어 그 자체인 것으로 착각하게 되면 조금 골치 아픈 경험을 하게 될 것이다. 말투만 가지고도 현지인들은 '이 사람이 기독교인이구나' 하는 것을 알아챈다. 그런데 기독교 아랍어를 쓰면서도 자신이 기독교인이라는 사실을 무슬림들 앞에서 애써 부인하려는 사역자들이 있다.

　"네 말투가 기독교인인데……."

　현지 무슬림들이 반문한다. 어떻게 알았냐고? 말투에 나와 있지 않은가!

　그렇다고 기독교인 아랍어와 보통 아랍어가 100퍼센트 완전히 다르다는 말은 아니다. 특별히 종교적인 의미가 들어 있는 어휘나 관용어 사용에서는 뚜렷한 차이가 있지만 가치중립적인 일상용어는 거의 동일하게 사용한다. 그런데 문제는 모든 공용문서는 보통 아랍어, 즉 이슬람 어법으로 쓰여 있다는 점이다. 모든 공문서에는 당연하게 '비쓰밀라히르라흐마 니르라힘(자비롭고 자애로우신 알라의 이름으로)'이라는 관용어가 버젓하게 적혀 있다. 기독교인의 아랍어는 표준어로 인정되지 않는다. 국어(아랍어) 시간에 기독교 아랍어 식으로 표기하면 맞춤법이나 어법이 틀렸다고 지적받기도 한다.

　내가 요르단 대학교 대학원에서 공부하면서 얻게 된 유익은 보통 아랍어와 기독교인 아랍어가 많이 다르다는 것, 그리고 기독교 개념이라고 해도 기독교인 아랍어가 아닌 가급적 보통 아랍어로 해석해야 한다는 것이다. 어차피 현지 무슬림들에게 복음을 전하는 것이라면 무슬림이 이해할 수 있는 아랍어로 의미가 전달될 때 더욱 효과적이라고 생각한다. 기독교인 아랍어를 무슬림 아랍어로 바꾸는 작업도 또 다른 분야의 성경 번역 작업인 셈이다. 이해할 수 없는 개념으로 가득한 아랍어로, 일단 전했다고 해서 복음 전하는 자의 사명을 다했다고 할 수는 없다. 나는 뿌렸으니 열매는 하나님이 맺으신다고 위안을 삼을 수도 없을 것이다. 상대방은 여전히 외계어를 들었을 뿐이기 때문이다.

가뜩이나 아랍어를 어렵게 생각하는 이들에게 더욱 힘 빠지는 이야기를 한 것 같다. 그러나 사실인 것을 어떻게 하겠는가. 나도 처음에 이런 사실을 알고 나서 얼마나 힘이 빠졌는지 모른다. 그러나 진실을 아는 과정에 아픔이 있지만 진실은 힘이 된다. 잘못을 덜 저지를 수 있기 때문이다.

믿지 못할 무슬림 대 믿을 수 없는 기독교인

외국인인 내게 아랍의 기독교인과 무슬림 중 누가 더 친근감으로 다가왔을까? 처음에는 분명 기독교인이었다. 상대방이 내게 해 준 것도 없는데 괜히 가깝게 느낀 것은 나의 종교적 선입견 때문이었는지 모른다. 그 선입견 중에는 아랍 이슬람권에서 기독교 신앙을 유지하기 위하여 고난을 당하는 성도라는 생각도 한몫했다. 그러나 시간이 지나면서 그런 우호감이 편견이라는 것을 알게 되었다.

아랍 이슬람 지역에서 만난 기독교인은 이렇게 대놓고 말을 하곤 했다. "무슬림은 도무지 믿을 수 없는 사람이다"라는 것이다. 더하여 보수적인 이슬람 왕실에서도 기독교인들을 더 중용한다거나 심지어 사담 후세인 전 이라크 대통령도 따릭 아지즈라는 앗시리아 정교회 기독교인을 중용했다는 이야기도 들었다. 내가 기독교인인 것을 알고서 들으라는 말이었다. 나 역시 기독교인이 더 신뢰할 수 있는 사람들이라는 평가를 순수하게 받아들였다. 같은 아랍인이라도 기독교인과 무슬림 중에서 아무래도 기독교인에게 친근감을 더 느꼈다.

그런데 내게는 기독교인 친구가 많지 않다. 나는 아랍 교회도 거의 나가지 않는다. 아랍 무슬림을 만나서 사귀는 직업을 갖고 있다 보니 만나는 현지인의 대다수는 무슬림이다. 그동안 중동 곳곳에서 무슬림을 주로 만나면서 기독교인은 믿을 만하고 무슬림은 믿을 수 없는 사람들이라는 생각이 편견이라는 것을 깨달았다. "기독교인들은 돈만 알고 이기적이며 민족에 대한 애정이 적은 자들이다"라는 기독교인에 대해 부정적인 평가가 처음에는 거북스러웠다. 무슬림의 강퍅한 마음을 엿보는 것 같았다. 그러나 시간이 흐르면서 무슬림들의 기독교인에 대한 평가가 상당 부분 타당성이 있음을 알게 되었다.

아랍 이슬람권의 적잖은 기독교인들은 자신만의 세계 속에 살고 있다. 다수의 무슬림 공동체에 대한 책임과 관심이 없어도 그들만의 삶을 이어가는 데에는 하등 문제 될 것이 없는 기독교인들이 의외로 많음을 경험하게 되었다. 다수의 개신교인들에게 '복음·민족·역사'에 대한 책임감은 좀처럼 느껴지지 않았다.

내 편견일수도 있지만 개신교인들의 폐쇄성은 정교회 교인들보다 훨씬 심했다. 선교 현지에서 만난 개신교인들 중 일부는 평범한 무슬림보다 훨씬 더 재리에 집착했다. 선교사들을 많이 접하는 한 요르단 기독교인은 그런 만남을 통해 상당한 경제적 이익을 얻을 수 있었다. 한 요르단 목회자는 "(개신교) 교인들의 주머니가 회개하도록 기도하여야 한다"라고 갈파했다. 개신교인들 중 상당수는 경제적으로 여유가 있다. 이런 상황을 잘 모르는 많은 사람들은 단지 이슬람 지역에 있는 교회를 지원하는 것을 선교라고 오해하기도 한다.

지금은 미안하게도 만나는 현지인의 종교에 큰 관심을 두지 않는다.

아니, 그 종교로 인해 선입견을 갖지 않으려고 노력한다. 이런 사람 저런 사람 다 있는데 그가 단지 기독교인이라는 이유로 우대받아야 할 권리도 없고, 무슬림이라는 사실만으로 차별을 받아야 할 이유도 없다. 그가 지금 가진 종교로 상대방을 판단하고 평가하는 일로부터 자유롭고 싶다.

〈패션 오브 크라이스트〉 열풍

"이번에 믿지 않는 친구들과 다섯 번 이상 이 영화를 볼 예정이에요."

"영화 관람료는 얼마가 들어도 상관없어요. 무슬림들에게 복음을 나눌 수 있는 좋은 기회인데 무엇을 주저하겠어요."

"무슬림 친구와 이 영화를 보러 가면서 엄청나게 기대를 했지요. 그런데 이 친구가 영화를 보면서 눈물도 흘리는 거예요. 그런데 끝내는 실망했지요. 아, 글쎄 이 친구가 말하기를, 그래도 예수는 십자가에서 죽지 않았다고 하는 거예요."

"영화 중간중간 비기독교인들이 쉽게 이해하지 못하는 장면이 나오지요. 그래서 우리 교회 청년들에게 영화관에 흩어져 앉아서 관람객들에게 그것을 설명해 주면서 복음을 전하라고 했지요."

"주변 무슬림들이 성경에 관심을 갖고 있어요. 벌써 여러 차례 성경을 전달해 주었답니다."

그야말로 중동 이슬람권에서 터져 나오는 이구동성이었다. 독자들은 무슨 일이 일어난 것을 짐작할 수 있을 것이다. 멜 깁슨 제작의 영화 〈패션 오브 크라이스트〉에 얽힌 중동 지역의 새로운 풍속도다. 일부 유대교 보수단체와 기독교 보수주의 진영의 반발, 그리고 반유대주의적이라는 이유로 이스라엘 내 상영을 금지했지만, 오히려 중동

<〈패션 오브 크라이스트〉 영화관 앞 풍경.
기독교인들 못지않게 무슬림 관람객들이 몰려들었다.(이집트 카이로)

이슬람권에서는 순항했다. 순항 과정에서 이 영화는 무슬림들에게 성경에 대해, 기독교와 신앙에 대해 관심을 갖도록 하는 좋은 매개체가 되었다. 본의 아니게 멜 깁슨은 전도자가 되어 버렸다.

"사실은 이 영화를 지난 해 가을에 DVD로 가족과 함께 보았어요. 이 영화를 중동에서 상영한다면 얼마나 좋을까 하며 기도를 했지요. 주변 무슬림들에게도 기회가 닿는 대로 이 영화 이야기를 했어요. 영화가 상영되면 같이 보자고도 했고요. 마음 한편으로는 이런 기대는 불가능한 것이라고 생각했지만요. 그런데 이 영화를 중동에서 상영하고 있잖아요."

카이로에서 사역중인 한 한국인 선교사는 〈패션 오브 크라이스트〉의 열풍에 감사하고 있었다. 그동안 중동 지역에는 예수의 생애를 그린 영화 〈예수(Jesus)〉의 아랍어판이 아름아름 전해지고 있었다. 일부 국가에서 성탄절에 산타클로스 할아버지가 등장하긴 했어도 '예수의 탄생'을 적극적으로 드러내는 데는 한계가 있었다. 공개적으로 기독교 영화를 본다는 것은 허용되지 않았다. 무슬림들을 모아 놓고 그랬다간 난리가 날 판이었다. 그런데 〈패션 오브 크라이스트〉는 이제까지의 〈예수〉나 다른 기독교 영화보다 사실적으로 예수 그리스도에 초점을 맞추고 있다. 〈패션 오브 크라이스트〉가 상영중인 중동의 이슬람 국가로는 요르단을 비롯하여 쿠웨이트, 카타르, 레바논과 시리아, 이집트, 아랍에미레이트 등이고 다른 국가에서도 상영이 카운트다운되고 있다. 영화관이 없는 사우디아라비아의 경우는 캠 버전(캠코더로 영화관에서 촬영하여 만든 영상물)의 불법복제 CD와 정품을 복제한 DVD 등이 공공연하게 거래되었다. 물론 복제판 CD는 중동 곳곳에서 공공연하게 불법 유통되고 있다. 〈예수〉 영화가 사역자들의 헌금으로 무상 유통되었는데 〈패션 오브 크라이스트〉는 돈을 받고 팔리는 기현상이 벌어진 것이다.

문득 궁금한 것이 하나 있다. 기독교 영화에 해당하는 〈패션 오브 크라이스트〉가 어떻게 중동 이슬람권에서 버젓이 상영될 수 있었을까. 검열 당국의 심의를 통과하는 모든 과정에, 이슬람권에서 영화를 상영하려면 '반이슬람적이지 않다'는 평가가 붙어야 한다. 그런데 〈패션 오브 크라이스트〉는 이슬람의 예수 그리스도와 관련한 꾸란의 내용과 전통적인 주장에 반대되는 내용이 골격을 이루고 있지 않은가? 교리적으로 이 영화는 이슬람의 가르침에 위배된다. 무슬림들은 예수가 그리스도라는 것—이사 알마시히라는 고유명사로 예수 그리스도가 꾸란에 등장한다. 그러나 그것은 고유명사화된 것이지 그 이상의 의미는 아니다—이나 그가 십자가에서 고통을 겪었다는 것도 받아들이지 않는다. 꾸란의 제4장 니싸아(여인) 장에 다음과 같이 분명하게 적고 있다.

"'마리아의 아들이며 알라의 선지자인 예수 그리스도를 우리가 살해하였다'라고 그들(유대인들)이 주장한다. 그러나 (사실) 그들(유대인들)은 그(예수 그리스도)를 살해하지 아니하였고 십자가에 못박지도 아니했다. 그런 논리를 만들었을 뿐이다. ……그들이 알지 못하고 그렇게 추측을 할 뿐이지 (결코) 그(예수 그리스도)를 살해하지 아니했다. 알라께서 그를 (하늘에) 오르게 하셨으니 알라는 권능과 지혜로 충만하심이라"(157-158절).

한마디로 예수 그리스도에 대한 이슬람의 해석은, 예수는 십자가에 달려 죽지 않았다는 것이다. 다만 그의 제자 중 한 사람 가롯 유다가 대신 죽었으며, 예수는 죽지 않고 승천했다고 말한다. 그러나 영화는 분명하게 보여 주고 있다. 너무나 사실적으로 긴 시간을 들여서 화면 가득히 주장한다. 예수는 십자가에서 실제 고통을 겪었고, 실제 죽었으며, 다시 살아났다고. 이런 점에서 〈패션 오브 크라이스트〉는 무슬림들의 신앙과 정통교리에 해를 끼칠 수 있는 위험한 사상이 담겨 있는 영화인 셈이다. 그런데도 이 영화가 이슬람권의 영화 심의에서 통과했다. 그것도 특정 국가에서만 상영하는 것이 아니라 마치 서로 사전에 협의라도 한 양 중동 각국에서 상영했다.

이런 현상을 두고 중동 이슬람권의 반유대주의 정서에서 그 원인을 찾는 이들이 많다. 일정 부분 사실인 것 같다. 이라크 전쟁과 팔레스타인의 암울한 현실은 중동 이슬람권에 반유대주의 정서가 사라지지 않도록 하는 중요한 변수이다. 정치적으로 이스라엘에 대한 비난의 목소리가 울려 퍼지지만 공허한 메아리로 들린다. 그 민심을 만져 주기 위해 위민(爲民) 정책의 하나로 이 영화를 선택한 것은 아닌가 하는 의혹이 있다. 영화의 내용에 반발하는 성난 무슬림들이 상영 금지 시위라도 벌일 것 같지만 이슬람 종교계에서는 반응이 없다. 이집트에서 발행하는 시사주간지 〈알카와켑〉이나 〈로즈 엘유세프〉 등은 〈패션 오브 크라이스트〉를 표지 기사로 실었다. "유대인들의 살육은 그리스도로부터 쉐이크 야신까지 이어졌다"라는 표현 속에서 그 관심사(?)를 엿볼 수 있다. "영화는 인간들의 어두운 단면을 보여 주고 있다" "유대인들의 짓거리에 대한 진실과의 전쟁을 선포하는 것이다"라는 등의 반응도 보였다.

그러나 영화 상영 과정에 결정권을 가진 이들의 상영 허가 동기가 무엇인지는 중요하지 않다. 일반 무슬림들의 이 영화에 대한 관심은 이런 정치적인 것이나 이념적인 것만으로는 설명되지 않기 때문이다. 영화관을 찾는 이들은 이념과 정치, 종교의 틀을 넘어서 '감동' 때문에 영화관을 찾았다. 126분간의 긴 상영 시간 내내, 눈물을 흘리지 않으려고 애쓰던 이들도 결국엔 피할 수 없는 흐느낌으로 울기도 했다. 영화관 안팎에서는 눈물과 긴 한숨, 감동이 이어졌다. 무슬림 여인들의 흐느낌이 단지 한 인간 예수의 고통과 자식의 죽음을 지켜봐야 하던 어머니 마리아의 아픔 때문만은 아닐 것이다.

2천 년 전 정치권력과 종교권력은 민중을 호도하면서 예수를 십자가에 달려 죽게 공모했다. 예수가 죽으면 모든 것이 끝이라 생각했다. 그로부터 2천 년이 지난 지금, 중동 이슬람권의 종교계와 정치계가 협력하여 이 영화를 상영하도록 했다. 그러나 '예수'는 '그리스도'로서 적잖은 무슬림들의 마음 가득히 자리 잡았다. 반유대주의의 영상 교재가 되기를 바라는 어떤 이들의 기대에도 아랑곳없이 말이다. 예수 그리스도의 수난은 중동 이슬람 사회에도 잔잔한 감동의 파문을 일으켰다. 〈패션 오브 크라이스트〉는 무슬림들이 편견 없이 기독교인들의 신앙과 예수 그리스도를 만날 수 있는 기회로 활용되었다. 영화를 통해 만난 예수가 이들의 삶 깊숙이 개입하고 계신 그리스도로 인정되기를 중동 이슬람권의 사역자들은 기대하고 있다. '그리스도의 수난'은 수난당하는 이들을 위한 구원의 시작이고 완성이기 때문이다.

아랍 이슬람권에 울려 퍼지는 캐럴

성탄절이 가까워질 무렵, 현지 무슬림 친구인 아부 아흐마드 집을 찾았다. 거실에 들어서자 눈길을 끄는 것이 하나 있었다. 크리스마스 트리였다.

"어, 올해 성탄절을 기념하려고 와파가 사다 놓은 거야?"

"김, 기독교인들은 성탄절을 어떻게 보내지? 궁금하다."

오랫동안 사귀어 오던 이 친구 가정이 기독교 문화와 기독교인의 세계관에 관심을 보인 것은 어제 오늘의 일이 아니다. 그러나 크리스마스 트리를 준비해 둔 것은 그래도 의외였다. 사실 아랍 이슬람권에서 기독교인과 무슬림이 거의 1천 3백여 년을 공존해 왔지만 그 속을 들여다보면 서로 전혀 다른 세계에서 살고 있다. 결혼부터 사회생활 전반에 걸쳐 종교간의 벽이 두텁다. 어떤 면에서 무슬림들보다 기독교인들이 더 배타적으로 느껴진다. 소수파로서의 피해의식이나 무슬림에 대한 종교적인 편견 때문이다. 그런 이유로 현지 무슬림들이 기독교인들의 삶을 있는 그대로 직접 접할 기회는 많지 않다.

"내일은 성탄절이다. 기독교를 믿는 학생들은 내일 학교 수업에 참여하지 않아도 된다."

대부분의 다른 무슬림 학생들은 학교 수업에 참석하지만 기독교인 학생들은 이날 학교에 가지 않는다. 이런 풍경은 부활절에도 연출된다.

성탄절이 되어도 '흰눈 사이로 썰매를 타고 달리는 기분'은 느껴지지 않았다. 아랍 이슬람권의 성탄절은 그야말로 '고요한 밤 거룩한 밤'이다. 텔레비전이나 라디오는 물론이고 거리에서도 연말연시 성탄의 분위기를 맛보는 것은 쉽지 않았다. "아무리 이슬람 국가라고 하지만 이렇게 조용할 수가 있나. 성탄절은 종교에 관계없이 전 세계적인 연말연시 문화인데……. 분위기가 전혀 느껴지지 않는 것은 좀 너무하다"라고 말하기도 했다. 너무도 조용한 이슬람 세계의 성탄절과 연말연시…….

그러나 최근 들어 성탄절 분위기는 점점 고조되어 가는 상황이다. 아랍 이슬람 국가 곳곳에서 크리스마스 트리가 팔리고 크리스마스 장식품이 걸리고 가끔은 캐럴도 울려 퍼진다. 고급 호텔들이나 큰 상점에서도 산타클로스는 발견되고 크리스마스 트리가 눈에 띈다.

지난 2003년 1월부터 이집트 정부는 이집트 정교회의 성탄절인 1월 7일(율리우스력 기준)을 국가 공휴일로 지정했다. 기독교 소수파의 차별감을 해소하기 위한 조치라고 알려졌다. 요르단 정부에서는 수년 전부터 성탄절인 12월 25일을 국가 공휴일로 지정하고 있다. 동일한 정부 측의 설명이 뒤따랐다. 이집트말고도 성탄절이 휴일인 아랍 이슬람 국가들이 있다. 성탄절이 국가 공휴일인 요르단과 눈 덮인 화이트 크리스마스가 연출되기도 하는 다종교국가에 해당하는 레바논, 이스라엘의 예루살렘과 베들레헴은 그래도 성탄절 분위기가 풍겨나는 나라들이다. 물론 일부 아랍 이슬람 국가에서 공휴일은 아니지만 관습과 실정법에서 기독교인들이 성탄절과 부활절을 그들의 휴일로 지키는 것을 허용하는 경우도 있다.

그러나 아랍 이슬람 지역에서 개인과 사회, 정부 차원에서 높아지는 성탄절에 대한 관심은 종교적인 이유 때문이 아니다. 서구 국가들과의 관계를 고려한 정치적인 이해관계나 개인들의 문화적인 관심, 이벤트가 필요한 기업이나 단체들의 상업주의에서 비롯한 경우가 대부분이다. 발렌타인데이나 심지어 할로윈데이까지 새로운 문화 현상으로 젊은이들을 중심으로 퍼져 가는 것을 보면 이상할 것도 없다. 이들의 관심은 예수 그리스도가 아니다. 외형적인 성탄 문화 자체일 뿐이다. 성탄절이 산타클로스 인형이나 크리스마스 트리나 캐럴 정도로 다가오는 수준이다. 성탄절은 예수 없는 산타클로스의 절기이다. 마리아의 품에 안겨 있는 아기 예수로만 기억되는 성탄절은 교회 밖의 무슬림들의 삶과 역사에서는 무관심한 존재일 뿐이다.

신자는 되어도 크리스천은 되지 않으련다

"김, 어느 예수가 진짜야? 부시 같은 사람들, 전쟁을 즐기는 그들이 기도하고 고백하는 예수와 성경에서 말하는 예수, 누가 진짜 예수냐?"

한 현지인 친구가 질문 공세를 폈다. 사실 아랍인들은 미국의 기독교 보수주의자들과 시온주의 진영이 결합하여 이라크 전쟁을 일으켰고, 반 팔레스타인 정책을 전개하고 있다고 믿는 경우가 많다. 그래서인지 예수 그리스도가 선포하고 증거한 평화의 복음은 어디에 있느냐고 반색을 하는 것이다. 그런 이유 때문일까? 아랍 기독교인을 만나서 "당신 크리스천이냐고?"라고 물으면 정색을 하는 이들도 많다. 자신을 '신자'라고 일컫는 경우도 종종 있다. 우리나라 말로 그리스도인이나 크리스천이라는 용어가 보다 헌신적인 기독교인을 뜻하는 의미임에도 불구하고 아랍 기독교인들은 크리스천이라는 표현을 피하고 굳이 신자라는 의미의 '무으민'이라고 말하곤 한다. 신자는 종교적인 의미로 다가오지만, 크리스천은 이념적인 거부감으로 다가서기 때문이다.

2004년 8월 1일, 이라크에 있는 교회들이 처음으로 테러를 당한 뉴스가 보도되었다. 바그다드와 모술의 한 교회를 비롯해 모두 다섯 교회가 공격을 받았다. 그런데 묘하게도 교회 주변의 술집이 먼저 공격을 받았다. 적잖은 현지 무슬림들에게 교회가 타락과 퇴폐 이미지와 연결되어 있다. 그후 10월 16일에도 또다시 바그다드 일대에서 다섯 교회가 폭탄 공격을 받았다.

아랍 무슬림들이 '크리스천'에 대해 부정적인 시각을 갖는 이유를 몇 가지로 추정해 볼 수 있다. 정교회의 경우는 이슬람 이전부터 유입되어 있던 종교이기 때문에 전통 종교로 인정하는 경향이 강하다. 그만큼 거부감이 덜하다는 의미이다. 오늘날 다수의 아랍 무슬림들이 갖고 있는 기독교에 대한 거부감의 바탕에는 서구 기독교 제국들이 아랍 이슬람권을 식민통치했다는 점, 식민통치가 종결된 이후에는 반민주적인 정권의 후견인 역할을 끊임없이 해 왔다는 점, 그리고 평화를 빌미로 자신의 잇속만 챙겨 왔다는 점 등이 깔려 있다. 게다가 역사를 거슬러 올라가 십자군전쟁 과정에서 서구 기독교 제국이 아랍 이슬람권에 자행한 잔인

한 역사들이 교육을 통해 주입되었기 때문이기도 하다.

기독교 신앙을 직접 들을 기회가 없던 현지 무슬림들 가운데는 기독교인에 대한 오래된 편견이 자리하는 것이 사실이다.

"기독교인은 술을 마시고 팔고 퇴폐적이고 향락적이다."

"기독교 여성들은 정조 개념이 약하다."

"성개방 풍조에 물들어 있다."

"기독교인들은 아랍인으로서의 정체성이 약하다."

"미국의 앞잡이다."

이런 편견은 사실 기독교인들이 술을 팔고, 이슬람에서 금하는 돼지고기를 먹으며 옷차림도 자유롭다는 외형적인 것과 일부 기독교인들과의 경험에서 비롯한다. 대학가에서도 자유로운 복장을 하고 다니는 학생들은 으레 기독교인으로 생각한다. 요르단 암만에서 본 한 여학생은 상당히 개방적인 복장을 하고 등장했다. 자신이 무슬림임에도 불구하고 기독교인인 척했다. 기독교인은 으레 이렇다는 식이다.

19세기 중·후반 이후에 유입되기 시작한 개신교는, 식민통치 시기를 지나면서 영국과 프랑스의 식민통치를 원활하게 하기 위한 인력 공급원으로 개신교인들을 활용했다. 이는 마치 한국이 친일 세력들에 대해 거부감을 갖는 것과 유사한 상황을 보여 주고 있다. 특히 영국은 지역 통치를 원활하게 하기 위하여 일부 현지인들을 자국으로 보내 교육을 시키고 이들을 인재로 활용했었다. 영국과 프랑스가 형식상의 식민지배를 마치고 떠나면서 기존의 교회나 선교사를 그대로 인정하도록 법제화했다. 새롭게 출발한 신생 독립국가들은 인재난으로 위임통치와 식민통치 시절의 인재들을 재등용했다. 이런 과정을 거치는 동안 적잖은 무슬림들이 식민 잔재 청산이 되지 않은 것으로 거부감을 드러내기도 했다. 아랍 기독교인들의 역사와 민족에 대한 무관심으로 표현되는 이원론적인 세계관이 무슬림들이 기독교인들에 대해 거부감을 갖는 이유가 되기도 했다. 우리의 친일 매국 인사들에 대한 거부감이 여전한 것처럼 친영 매국 인사와 많은 상관성이 있다고 보는 기독교인들에 대한 무슬림들의 거부감도 적잖다.

사우디아라비아나 이집트 등 전통적인 친미 국가들은 아랍 이슬람권에서 독재정권으로 지목되는 대표적인 나라들이다. 이스라엘에 대한 미국 부시 행정부의 일방적인 편들기는 반미 반기독교 정서를 강화시켜 주고 있다. 아울러 독재정권을 비호하는 것이 서구 기독교 국가들의 모습이라고 많은 아랍 무슬림들은 생각하고 있다. 아랍 현지의 기독교를 둘러싼 이런 편견은 새롭게 예수를 알게 되는 이들이 스스로를 '크리스천'이라고 말하는 것을 어렵게 하고 있다. 그래서 신자라는 표현을 더 선호하는 것 같다.

이슬람 · 무슬림 편견 깨기

무슬림에게 이슬람이란

요르단 초등학교에 다니는 어린아이를 둔 학부모의 하소연을 들었다.

"아이가 학교에서 꾸란도 제대로 못 외운다고 야단 맞고 주눅 들어 학교 다니기가 싫대요."

물론 학교 관계자는 이 아이가 기독교인임을 모를 리 없다. 그렇지만 모든 학생이 외워야 하는 과제를 기독교인이라고 해서 예외를 줄 수는 없다는 것이다. 중동에서는 단지 기독교인이라는 이유로 차별을 겪는 이들이 있다. 꾸란을 제대로 읽고 암송하지 못한다고 왕따당하는 기독교 학생들, 일요일에 관공서와 학교 등이 정상적으로 움직이기에 교회를 갈 수 없는 사람들, 종교 때문에 공무원 임용과 승진에서 차별받아야 하는 사람들이다. 인간의 가장 중요한 기본권 중 하나가 양심의 자유, 종교의 자유이다. 그 누구도 이 사실을 부인할 수는 없을 것이다. 그리고 종교적 자유의 핵심은 종교 선택의 자유이다. 그럼에도 불구하고 근본적인 자유와 권리를 누리지 못하는 이들이 엄존한다. 국제사면위원회, 프리덤하우스, 미국의 국제종교자유위원회 등이 종교 자유 침해국으로 주목하는 지역의 하나가 아랍어를 모국어로, 이슬람을 국교로 표방하는 중동 지역이다.

이런 질문을 하고 싶다. 만약 우리 자녀들이 어느 날 신앙을 버리고 절에 들어가겠다고, '도'를 배우겠다고 한다면 우리는 어떻게 반응할까? 마찬가지로, 1천 3백년 이상을 가문 대대로 믿어 온 이슬람을 어느 날 갑자기 자식이 거부하고 다른 종교로 돌아선다면 어떤 반응을 보이는 것이 정상일까? 개인의 선택이니 알아서 하라는 말이 쉽게 나올 것 같지 않다.

"채플을 거부하는 행위는 학교 교칙에 어긋나는 것이다. 학교를 떠나야 한다."

최근에 문제가 된 한 고등학교의 사례나 대학교의 채플 강요 사례들은 남의 나라 이야기가 아니다. 기독교가 국교도 아니고 전체 국민의 4분의 1정도가 기독교인인 우리나라에서도 이런 일이 벌어지고 있다. 그렇다면 무슬림 인구가 전 국민의 90퍼센트가 넘는 이슬람 국가에서는 어떤 일이 벌어질까? 이런 기본적인 이해가 이슬람권의 종교탄압을 이해하는 큰 축을 제공할 것이다.

북한에서 신앙생활을 하다 월남하신 분들 중에는 지금도 공산주의자들에 대한 강한 분노와 적개심을 풀지 않는 이들이 많다. 이들은 "너희들이 공산주의를 알아!" 하는 식으로 자신들의 체험을 토대로 강한 반북 감정을 표출하곤 한다. 정말이지 체험해 축적한 부정적인 감정만큼 오래 가는 것도 없을 것이다. 무슬림들의 반기독교 정서도 이 같은 체험에 근거한 것들이 많다는 점에서 이들 스스로 극복하는 데 어려움이 많다. 끊임없이 서구 기독교 제국에 의해 식민지화되고 착취를 당해 온 것이 역사적으로 사실이기 때문이다.

다수의 중동 국가들이 이슬람을 국교로 규정하고 사회와 제도적 틀이 이슬람 정신에 의해 집행된다. 때문에 기독교인의 신앙과 양심에 따른 행동은 늘 실정법에 저촉될 가능성이 많다. 아울러 아랍의 대의를 말할 때나 이슬람권의 단합을 강조하고 나서는 요즘 같은 분위기에는 기독교인들이 설 자리는 더욱 좁아진다. 사우디아라비아 등 일부 보수 아랍 국가에서는 외국인들이 자기들끼리만 예배드리는 것조차 금지하고 있다. 요르단 등 대부분의 이슬람 국가에서는 외국인이라도 라마단 금식월 동안에 남들 보는 앞에서 먹고 마시면 경범죄로 처벌을 받는다. 매일 정해진 기도 시각이 되면 라디오, 텔레비전과 곳곳에 산재한 이슬람 사원에서 기도 시각을 알리는 안내방송 아잔이 흘러나온다. "알라후 아크바르!" 설교가 시작되면 사원 밖 확성기를 통해서 그 설교를 쉽게 들을 수 있을 정도이다. 공식적으로 사용하는 용어들도 이슬람이 기본이다. 공문서 상단 중앙에는 '하나님의 자비롭고 자애로우신 이름으로' 라는 뜻의 아랍어가 새겨져 있다. 국교가 없는 레바논이나 모로코, 이집트, 요르단, 튀니지 등 일부 국가는 기독교인들의 예배를 비롯한 종교 활동이 그나마 부분적으로 자유로운 지역이지만 어느 나라 할 것 없이 중동 각국에서는 이른바 실정법과 이슬람법인 '샤리아' 에 '이슬람 모독죄' 를 규정하고 있다. 이슬람 모독죄는 상대가 기독교인이더라도 상관없다. 공식적이거나 직접적으로 이슬람을 비난해서는 안 된다. 이 법에 걸린다. 가끔 유명한 연예인의 노래가, 유명한 문학가의 글이 이슬람 모독죄로 기소되곤 한다.

이슬람 지역에서는 태어날 때부터 자신의 자의적 선택과 상관없이 선천적으로 종교가 주어진다. 즉, 가족의 종교가 자신의 종교가 되는

무슬림 기도 장면.(이집트 카이로)

것이다. 주민등록증은 물론이고 우리 식의 호적이나 공문서에도 종교가 자동적으로 오르게 된다. 공교육에서도 개인의 종교에 관계없이 꾸란을 암송해야 하고, 이슬람 교육을 받아야만 한다. 물론 많은 아랍 지역의 이슬람 국가들이 헌법상 종교의 자유를 표방하고 있지만 소수파를 위한 법은 아니다. 기독교인이 무슬림으로 개종할 수는 있다. 그렇지만 그 반대 경우는 불가능하다. 개종한 사실이 드러날 경우 실정법을 위반한 처벌을 받는다. 결혼을 할 때도 무슬림 남자와 기독교인 여성 간의 결혼은 가능하지만 기독교인 남자와 무슬림 여성 간의 결혼은 금지한다. 이슬람 사원의 신축, 개축, 보수는 자유롭지만 기독교 교회당의 신축은 물론 개축이나 보수도 엄격한 절차를 받아야만 이뤄질 수 있다. 이슬람 사원은 정부의 재정적인 지원을 일정 부분 받지만 기독교는 다르다. 거의 예산을 배당하지 않는다.

아랍에미레이트나 일부 아랍 이슬람 국가는 종교부지가 있다. 이곳에서만 제한적으로 기독교인의 예배가 드려지기도 한다. 그나마 이집트는 기독교인이 기독교 영역에서 활동하는 데 별다른 제약을 받지 않지만 이라크의 경우는 1991년부터 시작된 미국에 의한 경제제재하에서 많은 기독교인들이 유럽이나 미국 등으로 떠났다. 종교적인 이유보다 경제적인 이유가 더 많았다.

이런 배경에서 이들의 종교는 단순히 종교가 아니다. 그것은 가문의 법도이며, 정체성의 바탕이 된다. 이들에게 종교는 가문의 전통과 가치 규범을 규정한다. 또한 종교는 개인의 종교가 아닌 가족과 문중의 종교로 자리한다. 현지인들은 아무개의 성만 가지고도 그가 기독교인인지 무슬림인지를 쉽게 알아챈다. 게다가 어떤 지역 출신인지도 짐작할 수 있다. 여기에 옷차림새도 다르다. 즐겨 입는 옷의 색깔도 다른 경우가 많다. 결혼도 동일 종교 집단 안에서 족내혼, 친족 결혼이 근간을 이루고 있다. 즉, 결혼도 종교간의 벽을 넘어서지 않고, 동일 종교 집단 구성원간의 연대의 끈으로 기능하는 것이다. 그래서 사돈의 팔촌까지도 동일 종교인인 것이다. 이슬람 국가에서 종교는 가문의 내력인 동시에 가치 규범이며 정체성을 규정하는 요소가 된다. 혈연과 가문을 구별해 주며, 동시에 한 개인의 정체성이나 출신지역을 구분해 준다. 동시에 계층이나 계급, 돈과 권력의 이유를 설명해 준다. 연대의 끈인 종교를 한 개인이 일방적으로 깨고자 한다면 그 집단의 구성원들은 쉽게 그것을 받아들이지 못할 것이다. 그래서 이슬람권에서 일어나는 종교 갈등이나 종교 탄압에는 인지상정(人之常情)의 요소도 담겨 있는 것이다.

알라와 하나님

"알라는 우상이다"라고 말한다. 그러나 아랍 기독교인들도 하나님을 "알라"라고 부른다. "알라는 우상이다"라는 말을 듣는 무슬림들은 감당할 수 없는 분노에 치를 떤다. 과연 알라는 우상인가? 무슬림들은 그 누구보다도 우상숭배를 배격하는 데 철저하다. 우상이 될 만한 것들을 멀리하기 위하여 지금도 이슬람 문양이라 불리는 아라베스크에는 숫자나 기호 외에 다른 모양이나 형상은 사용을 금지한다. 그 어떤 형상으로도 하나님을 묘사할 수 없다는 것이다. 오직 알라만이 유일한 신이라는 것이다. 이처럼 우상 배격에 열심을 다하는 이들에게 알라를 우상으로 치부하면 감당할 수 없는 것이다.

아랍어 알라(Allah)는 정관사 알(Al)과 일라(ilah)가 결합한 단어이다. 아랍어에서 일라(ilah)는 유목민들이 신을 나타내던 일반적인 용어로 수많은 신을 표현하는 것이었다. 다신숭배 체제에서 사용하던 신의 개념이었다. 그러다가 이슬람이 유입되면서 기존의 여타 신들과의 구별을 위해 유일한 신이라는 뜻으로 정관사를 붙였다. 즉, 알라는 유일한 신이라는 뜻의 새로운 어휘로 자리 잡았다.

아랍의 기독교인들도 성경을 번역하면서 하나님을 '알라'로 번역하여 부르고 있다. 이럴 때 하나의 질문이 뒤따른다.

"성경의 알라와 꾸란의 알라는 같은 하나님이신가?"

이런 질문에 쉽게 "다른 하나님이다"라고 대답한다.

같은 용어를 사용한다고 같은 개념의 존재를 받아들이는 것은 아니다. 예수님을 같은 어휘로 부른다고 해도 그를 기복신앙의 대부(代父)로 생각한다면 그가 어떤 이름으로 부르는가는 중요하지 않다. 다종교 체제에 익숙한 힌두교인들이 나도 예수를 믿는다고 할 때 그 사용하는 어휘가 문제인가 아니면 그들이 받아들이는 개념이나 컨셉이 문제인가?

조금 말이 길어진 듯하다. 이슬람의 알라와 기독교인의 알라는 동일 어휘이지만 다른 개념이다. 즉, 동음이의(同音異義)가 바로 이슬람과 기독교의 알라의 차이이다.

우리가 자주 사용하는 용어를 이런 면에서 과감하게 바꿔야 할 것이다. 알라를 그냥 알라로 부르자는 것이다. 굳이 알라 신이라고 부를 필요가 없을 듯하다. '알라 신'은 마치 서구인들이 하나님을 'God'으로 호칭하는 것을 "서구인들은 절대자를 God 신으로 부른다"라고 적는 것과 다를 바 없다. 서구 기독교인들이 일반인들이 사용하는 'god'을 사용하지 말라고 법원에 사용금지 가처분 신청이라도 해야 하는가? 지금도 세상에서 수많은 민족이 그들 나름대로의 하나님 이름을 부른다. 그러나 그들의 머릿속에는 다양한 신들이 자리할 뿐이다. 혹여나 무슬림들이 사용하는 용어에 대하여 민감한 거부감을 갖는 것이 이슬람 콤플렉스에 의한 것이 아니었으면 한다. 조심스럽게 말하자면, 무슬림의 알라는 우상이 아니다. 우리에게 말씀하시는 유일하신 하나님을 무슬림들도 알 수 있도록 하나님께서 허용하신 그림자 역할을 하기에 충분한 이슬람의 유일신이다.

"꾸란은 악마의 서(書), 꾸란은 금서(禁書)이다"라고 말한다. 그러나 꾸란만큼 무슬림을 바로 이해하도록 돕는 교과서도 없다. 금서, 읽어서도 안 되고 소지해서도 안 되는 책들이 어느 사회이건 있다. 어느 시대에는 분서갱유(焚書坑儒) 같은 만행들도 침략자들과 진실을 감추려는 이들에 의해 자행된 경우를 세계사에서 찾아볼 수 있다. 이념 갈등이 잔존하는 한국 사회에도 아직 금서목록이 존재하는 것으로 보인다. 그러나 기독교인들이 생각하는 이슬람의 경전 꾸란만큼 강한 거부감을 갖는 대상도 드물 것 같다.

한때 '꾸란은 악마의 서'라고 했다가 지금도 은둔생활을 하고 있는 살만 루시디라는 인물이 있다. 그는 신앙에 입각한 고백이었는지 모르지만 무슬림들은 받아들일 수 없는 일이다. 무슬림들은 꾸란을 하나님께서 계시한 거룩한 책으로 받아들인다. 그래서 무슬림들 중에 자신의 경전을 모독했다고 믿고 살만 루시디를 살해하려고 하는 이들이 있다. 이런 경우만 있는 것이 아니다. 다수 무슬림 사회 속에 사는 이들은 종종 자신의 의도와는 무관하게 이슬람 모독죄로 형사 처벌되거나 테러 위협을 당하는 경우도 많다. 자신의 신앙의 권위나 신성이 침범당했다고 믿는 이들 때문이다.

이런 경향은 한국 기독교인들도 동일한 것이 아닐까? 최근 《예수는 없다》는 책의 판금을 주장하고 나서기도 했고, 특정 영화가 예수 그리스도의 신성을 모독했다고 다양한 항의를 한 경우도 있었다. 특정한 드라마에 대하여 영화나 소설에 대해, 음악에 이르기까지 반기독교적

이라는 이유로 기독교인들이 거칠게 반응한 경우가 적지 않았다. 이런 면에서 무슬림들이 자신의 신성을 모독했다는 이유로 이슬람 모독죄를 씌워 살해 위협까지 서슴지 않는 것이 일면 이해가 되지 않을까.

기독교인인 우리조차도 비기독교 서적이나 문화 매체의 영향으로 감동도 받고 깊은 깨달음을 갖는 경우가 있다. 어떤 이들은 한 편의 영화를 통해 자신의 새로운 삶을 개척하는 경우도 있다. 이른바 한 인격체가 살아가면서 얻는 깨달음이나 감동이 성경을 통해서만 이뤄지는 것은 아니다. 자신이 어떤 특정 필자나 작가의 세계관과 다르다고, 아니면 종교가 다르다고 해서 그 책 자체나 작품을 거부할 수는 있다. 그것은 자신의 선택이다. 그렇다고 자신과 동일한 생각과 감정으로 그 작품을 보도록 강요할 권리는 없다. 우리 불경이나 다른 이들이 믿는 종교의 경전을 악마의 서라고 하지 않으면서 유독 꾸란만 차별하는 것도 문제가 아닐 수 없다. 게다가 불경시하고 금서 취급을 하는 것도 편협적이라는 지적을 피할 수 없다. 하나님께서는 스스로 당신의 주 되심을 변증하신다는 옛 신앙인의 고백은 우리에게 어떤 의미일까? 다른 종교나 종파의 그릇됨을 비판하기 위한 네가티브 작업으로서의 연구와 저술 활동도 필요한 것이지만, 우리 자신이 믿는 신앙이 바로 알려지도록 힘쓰는 포지티브 작업이 더 절실한 것이 아닐는지 다시 생각하게 된다.

무슬림에게 예수의 의미는

"무슬림들의 반기독교 논리는 비이성적이다"라는 말을 자주 듣는다.

"무슬림들이 삼위일체 하나님을 부인하고, 그리스도가 대신 속죄하심을 이해하지 못하는 것이 어불성설 아닌가요?"

무슬림들을 만나서 대화한 사람치고 무슬림들이 삼위일체를 거부함으로 그리스도를 하나님의 아들로 받아들이지 않는다는 것을 모르는 사람이 없다. 그것을 두고 기독교인들은 이해할 수 없다며 고개를 저을는지 모른다. 그들의 강퍅함을 지적하면서 말이다. 그러나 논리만으로 따진다면 이슬람의 반기독교 논리는 '이성적'이다. 사실 이성의 틀에 갇혀 성경을 읽는 사람들도 성경을 깨닫지 못하는 경우가 허다하지 않은가. 무슬림이나 '이성' 또는 인간의 '경험'을 앞세워서 성경을 이해하려는 이들의 공통점은 '계시'가 없다는 것이다. 계시의 정신이 아니고서는 기독교 신앙을 올바로 받아들일 수 없지 않은가.

여러 해 동안 교제해 온 한 무슬림 친구는 다음과 같이 고백했다.

"인간이 행위로는 구원받을 수 없다. 하나님의 은혜가 아니고서는 구원에 이를 자가 아무도 없다. 중재자가 아니고서는 하나님의 구원에 이를 수 없다. 성령의 깨닫게 하심이 아니고서는 성경을 깨달을 수 없다."

그러면서 이 친구를 말을 이어 간다.

"그러나 인간으로 태어난 예수가 하나님임을 어떻게 받아들일 수 있겠는가? 그것은 하나님의 신성을 거부하는 것이 아닌가."

계시로서가 아니라 이성으로 신앙생활을 유지하는 무슬림들로서는 예수의 그리스도 되심과 하나님의 아들 되심을 쉽게 받아들일 수 없다. 그런 이유로 무슬림들은 명백하게 삼위일체 개념을 거부한다. 이슬람은 이것을 '전혀 비논리적인 가공할 교리'로 간주한다. 한 이슬람 신학자는 '하늘을 산산조각 내는 것이고, 산을 가루로 만드는 정도'로 가공할 만하다고 말하기도 한다. 삼위일체 교리는 유일하신 하나님을 우상으로 만드는 것이고, 유일성을 침해하는 것이라고 말한다. 하나님이 절대 유일한 하나님이신데 어떻게 아버지(聖父)가 있을 수 있고 아들(聖子)이 있을 수 있냐고 무슬림들은 반색한다. 꾸란은 명확하게 예수는 하나님의 아들이 아니며, 결코 하나님의 아들, 거룩한 존재가 아니라고 한다. 오히려 그의 추종자들에게 한 분 하나님을 섬기도록 위탁하였다고 한다. 꾸란은 뛰어나신 하나님이 아들을 갖는다는 것은 하나님의 품위를 떨어뜨리는 것이고, 바로 하나님을 불경스럽게 하는 것이라고 말한다.

사실 삼위일체를 논리로 풀려고 노력하지만 이제까지 나온 어떤 이론으로도 부작용 없이 완벽하게 삼위일체 하나님을 설명하지는 못한다. 우리가 체험하고 깨달은 모든 것을 논리적으로 다 설명할 수 있다면 얼마나 좋겠는가? 그렇지만 삼위일체를 우리가 머리로 알고 받아들인 것이 아님을 기억하자.

무슬림들은 예수 그리스도의 대속을 거부한다. 이슬람은 예수님의 십자가에서 죽음이나 인류의 죄를 구속하기 위한 대속을 받아들이지 않는다. 이슬람은 아담의 범죄 후에 아담은 회개했고, 하나님은 그를 용서했다고 말한다. 아담의 선악과 사건에서 나타난 불복종의 대가가 그의 모든 후손에게 옮겨지지 않았다고 말한다. 이런 논리에서 이슬람은 모든 인류는 아담의 하나님에 대한 불복종으로 죄인이라는 것을 받아들이지 않는다. 이슬람은 모든 인류는 죄 없이(원죄 없이) 순결한 상태로 세상에 태어난다고 단언한다. 신생아는 선조들과 결부된 죄의 짐을 지지 않으며, 원죄를 받아들이는 것은 하나님의 정의와 자비의 속성을 부정하는 것이라고 주장한다. 인간이 태어날 때 죄성을 선천적으로 띠도록 하는 것은 창조주의 선한 의지를 부정하는 것이고, 하나님의 공의에 어긋나는 것으로 이해한다. 그런 이유로 무슬림들은 모든 인류가 그지없이 순결한 상태로 태어난다고 단언한다. 이 논리에 의해 그리스도의 대속을 인정하지 않는다. 대속이 들어설 자리를 제공하지 않는다.

다만 천국에 들어가는 길은 믿음으로써만 충분하지 않고 믿음을 가지고 선을 행하는 자들은 천국에서 환대를 받을 것(꾸란 제30장 로움 장 6절)이라고 주장한다. 하나님의 목적을 위해 인간의 의지와 영혼과 재산을 바쳤을 때 그 대가로 창조주는 영원한 기쁨인 구원을 부여하는 것으로 이해한다. 이슬람은 칠천(七天) 개념을 가지며 가장 높은 곳을 낙원(파라다이스)이라고 말한다. 사람은 그의 창조주에게 복종함으로써 구원받으며, "알라의 약속을 받은 자 외에는 어느 누구도 중재하지"(꾸란 제19장 마리아 장 87절) 못한다.

그러나 꾸란은 예수의 중재 가능성을 함께 언급하고 있기도 하다. "알라 아닌 다른 것을 숭배한 자들에게는 중재할 능력이 없다. 그러나 진리를 증언한 자는 예외이다"(꾸란 제43장 주크루프 장 86절). 이 모든 것은 영원한 구원과 최고의 소망을 얻기 위해 하나님과 구원의 섭리를 거래하는 것과 다름없다. 무슬림들은 천국에 들어가기 위해 필요한 노동과 선행의 실천사항 중에는 신앙고백(샤하다)과 하루 다섯 차례의 쌀라(기도 또는 예배)의 수행과 자카드(희사, 수입의 40분의 1), 성지순례(평생에 한 번 이상의 메카 카바 신전 순례), 금식(라마단 기간 30일 동안 이루어짐)이 필요하다고 말한다. 인간의 본성이 선하다는 성선설에 바탕을 두고 확립된 종교가 이슬람이다.

무슬림들은 지옥의 실체를 받아들이지 않는다. 오히려 천주교의 연옥 개념에 가까운 지옥을 말한다. 영원히 그곳에 살게 될 영혼들은 없다고 믿는다. 현세에서 못 이룬 업적을 다 채울 기간 동안만 일시적으로 머무는 곳이라고 말한다. 그래서 그 부족한 부분을 고통을 통해 다 감당하면 이내 천국으로 옮겨질 것이라고 말한다. 그러면서 알라의 공의와 자비는 이렇게 조화되는 것이라고 주장한다.

무슬림들은 예수님이 동정녀 마리아를 통해 탄생했다는 것을 의심하지 않는다. 아담이 아버지, 어머니 없이 탄생한 것처럼 많은 기적을 만드시는 하나님의 허가와 동일한 힘을 통해서 이루어졌다고 믿는다. 또한 그는 인간으로서 말하는 힘을 부여받았고, 병자를 치료하고, 죽은 자들을 살리고, 사람들의 마음을 하나님께로 인도하였으며, 유대인들에게 죽음을 당하는 순간 하나님에 의해 들림을 받았다고 믿는다.

무슬림들은 예수님이 승천했다는 사실과 그의 재림을 의심하지 않는다. 예수님의 재림에 대한 이슬람의 이해는 예수님의 재림을 "심판이 임박했음을 암시하는 것으로서 하나님은 심판이 있기 얼마 전에 하늘로부터 예수를 내려 보낸다. 이때 예수는 중보의 가능성이 있는데 그것은 진리를 증언한 자는 중보할 능력이 있기 때문"(꾸란 제43장 주크루프 장 86절)이라고 말한다. 또한 하디스에서는 "예수의 재림은 모든 선지자들에 의해 선포된 알라의 최종적이고 완전한 현실화인 이슬람의 메시지를 선포할 것이다. 그는 삼위일체를 받아들이지 않을 것이다. 그는 거룩한 법을 그의 순결성 안에 다시 세울 것이다. 모든 인류처럼 예수도 자연스러운 죽음을 맞이할 것이다. 혹자들은 예수가 죽어서 메디나에서 무함마드 옆에 묻힐 것"이라고 주장한다. 무슬림들은 아직 예수님이 죽음을 맛보았다는 것, 즉 그의 십자가에서의 죽음을 인정하지 않고 있다. 그러하기에 대속의 능력이 이곳에서는 언급되거나 발견되지 않는다.

무슬림들이 생각하는 반기독교 논리의 바탕에는 삼위일체 교리로만 성경을 설득하려는 기독교인들에 대한 반발심리도 작용한 것으로 보인다. 이슬람은 알라 한 분만의 유일신 신앙을 가장 강한 축으로 삼고 있는데, 그것에 상충되는 논리로 기독교인들이 무장되어 있다고 본다.

이 같은 시각은 기독교회사의 단성론자들의 시각과 유사하다. 특히 예수 그리스도의 양성론이 정통으로 형성해 가는 과정에서 이단으로 규정된 단성론자들은 동방 기독교의 근간을 이뤄 왔다. 단성론자들도 예수가 완전한 사람이며 동시에 완전한 하나님이심을 거부했다.

기독교 시칠리안 학파, 마르시온주의자의 가현설, 바나바 복음서, 삼위일체를 거부하는 유태리언파의 주장과 비슷하다. 그러나 분명한 것은 삼위일체가 실체이고 우리 기독교인들의 체험임에도 불구하고 그 것을 완벽하게 논리적으로 설명하는 데는 한계가 있다는 점이다. 그래서 무슬림들의 반기독교 논리를 비논리로 몰아갈 것이 아니라 이들이 체험을 통해 삼위일체를 알아가도록 돕는 것이 필요하다.

이슬람 세계는 단일한가

도대체 이슬람이 무엇인가? 그들을 하나로 묶는 특징은? 모든 무슬림들은 진정 하나이며 동일한가? 그들은 무엇을 믿는가? 민족이나 국가보다 종교가 더 앞서는 이들의 공동체 의식의 근원은 무엇인가?

이 궁금증에 대한 해답은 다음과 같은 질문을 연상하면 쉽게 찾을 수 있다.

"서구 기독교 세계는 단일한가?"

이런 우문에 우리의 대답은 간단명료할 것이다.

"전혀 아니올시다."

기독교 이념이라는 단일성보다는 각종 이해관계로 이합집산을 이룬다. 심지어 연합해 있는 보편 교회를 지향하는 로마 천주교 공동체조차도 나라와 민족에 따라 상이함을 보인다.

그렇다면 이슬람 세계는? 동일한 대답을 할 수 있다. 이슬람 세계는 결코 이슬람 이념만으로 똘똘 뭉친 세계가 아니다.

이슬람을 하나의 움마(공동체)로 간주하기 원하는 기독교인들은 너무도 쉽게 이슬람 세계를 단일 그룹으로 치부한다. 그러나 사실 이슬람 세계는 동질적이면서 이질적이다. 그 공동체도 각기 다양한 이해관계에 의해 이합집산이 이뤄지고 갈등과 반목, 협력과 공조가 이뤄진다. 이슬람의 이질적인 요소는 기독교 집단 내의 이질성만큼이나 다양하다. 이슬람 세계는 신학적, 인종적, 언어적, 그리고 정치적인 이해관계로 얽혀 있다. 특히 신학적, 정치적 이해관계로 인한 갈등이 크다. 이슬람 세계는 내부적인 것과 외부적인 것, 두 가지의 기본적인 긴장이 존재한다. 내부적 긴장은 정치적, 종교적 견해 차이이다.

종교적인 차원에서 보면 이슬람은 일곱 부류로 나눌 수 있다. 정통파, 보수주의, 신비주의(수피즘), 자유주의, 혼합주의, 세속주의, 사회주의가 그것이다. 이들 각각의 그룹은 내부적으로 더 많은 집단으로 세분화된다. 여기에다 각 지역의 독특한 문화가 어우러질 때 이슬람은 더욱 다양성을 띠게 된다. 그러나 이것이 상호긴장을 강하게 조성하지는 않는다.

이러한 신학적 차이보다 정치적 입장에 따른 갈등이 더 근본적인 것이다. 국가 대 국가 간의 정치적인 긴장은 이라크와 이란 사이의 전쟁처럼 크게 폭발하기도 한다. 잠재적인 폭발성이 세계 곳곳에 산재해 있다. 그러나 실상 이것은 종교적인 문제라기보다 정치적인 이해득실에 따른 긴장이다. 지금 이라크에서 보이는 수니파와 시아파 집단 간의 갈등도 정치권력을 둘러싼 이해다툼의 성격이 짙다.

최근 일련의 이슬람 원리주의 운동의 확산은 바로 이러한 갈등의 양상을 잘 보여 주고 있는 것이다. 정부의 비자주적, 반민중적, 독점적 정책은 일반 무슬림들의 불만을 야기하고 이것의 해결 대안으로서 반정부 논리로서의 이슬람 원리주의가 강화되고 있기 때문이다. '꾸란으로 돌아가자' 는 그 모토 속에 강하게 나타나는 것이 반외세, 반미의식이기 때문이다.

외부적 긴장은 이슬람 정신으로 세계를 지배하고자 하는 것에 대한 열망과 관계 있다. 이것은 '세계의 이슬람화'에 대한 표현으로 나타난다. 무슬림들에 의한, 이슬람 정신에 의한 통치를 이루려고 하는 갈등이다. 이슬람은 상당히 선교적인 종교임에는 틀림없다. 개별 이슬람 국가 내의 이슬람 원리주의자들은 이러한 인식을 바탕으로 상호 연대해 나가고 있으며, 이것은 반서구, 반미의 형태로 전 세계에서 나타나고 있다.

지난 걸프전 때 아랍 이슬람권은 이슬람 대 기독교 간의 전쟁을 선포하고 반미 기치를 내걸기도 했다. 최근에 벌어진 이라크 전쟁에 대해서는 물론이고 묵은 전쟁터 이스라엘과 팔레스타인 문제를 두고도 너무 다른 입장을 보여 준다. 문제의 원인을 미국과 이스라엘의 일방주의로 몰고 가지만 막상 반미, 반이스라엘 정책을 추진하자고 하면 한발 뒤로 물러나는 나라들이 많다. 말로는 이슬람 형제애를 강조하지만 적극적으로 팔레스타인이나 이라크를 돕는 나라는 거의 없다.

정통교리보다 민간 신앙이 더 빠르다

내가 이집트에 있을 때 심하게 앓은 적이 있다. 주인아저씨가 찾아와 기도를 해 주겠다며 부모님의 이름을 물었다. "아무개의 아들, 아무개의 아들……" 하면서 안수와 안찰 기도를 하듯이 기도를 이어 갔다. 영들을 불러 기도하는 식이었다. 원래 무슬림들은 깔끔한 이성적인 교리만 믿는다고 생각했다. 그러나 이들에게도 영적인 세계에 대한 이해와 표현, 감정이 존재한다는 것을 보게 된 것이다. '무슬림들은 교리적으로 하나의 교리를 믿고 있다'라고 생각한 편견이 깨지는 순간이었다. 무슬림 중에서는 알라 외에 어떤 영이나 영적 매개를 인정하고 있다는 사실을 알게 된 것이다.

근래 와서, 이른바 '이것이 이슬람이다' 하는 부류의 책들이 많이 출간되었다. 그 한 권의 책만 읽으면 이슬람을 '터득'할 수 있을 것 같다. 하지만 입장을 바꿔, 만약 '이것이 한국의 기독교다' 라는 책을 쓴다고 생각해 보자. 과연 쉬운 일일까? 아니 가능할 것인가? 기독교인들조차도, 개혁신앙을 말하는 이들조차도 기복적인 신앙의 타성이 드러나는 경우를 본다. 이슬람도 마찬가지이다. 13억이 넘는 인구와 다양한 종족, 국가들로 이루어진 세계를 쉽게 '이슬람' 이라는 끈 안에 묶겠다는 것은 어불성설인 것이다.

이슬람은 '교리적 차원의 이슬람(offical Islam)' 이 있음에도 불구하고 과반수가 넘는 무슬림들의 신앙고백은 상이하기만 하다. 교리적인 이슬람만으로 무슬림 세계를 이해한다는 것은 불가능하다. 따라서 이슬람을 이해하고 바로 알기 위해서는 표방하는 교리(정통 이슬람)와 아울러 일반 평민(민중)이 지니는 신앙 형태와 내용(대중 이슬람)을 살펴보는 것이 필요하다.

바그다드가 함락된 2003년 4월 초순, 바그다드를 찾았다. 곳곳에 있는 "시아파, 수니파 차별이 없다. 우리는 모두 하나다"라는 펼침막이 눈에 띄었다. 그러나 지금도 이라크는 종파간의 마찰을 비롯한 다양한 갈등이 존재한다.

수니파와 시아파는 이슬람의 가장 큰 교파에 해당한다. 칼리프 제도의 정통성에 대한 해석상의 차이로 수니파와 시아파가 갈라졌다. 수니파는 무함마드의 사후에 아부 바크르, 우마르, 오스만, 알리 등 4명의 후계자(칼리프)가 다스리던 정통 칼리프 시대는 물론이고 그들의 뒤를 이은 인물들도 무함마드의 후계자로 인정한다. 반면 시아파는 4대 칼리프 알리 이후 칼리프의 존재를 인정하지 않는다.

꾸란에 나와 있는 특정 구절의 해석으로 인한 교리적 차이와, 세속적인 이슈를 받아들이는 입장 차이에 따른 다양한 프리즘, 기복성과 신비주의 경향, 또한 전통종교와의 혼합 형태에도 해당한다. 이러한 측면을 바로 이해할 때 우리는 이슬람의 총체적인 윤곽을 발견할 수 있을 것이다.

대중 이슬람은 기복성과 신비주의 경향을 띠기도 하며, 지역의 전통종교와 혼합한 성향을 띠고 있기도 하다. 신비주의 경향은 이른바 '수피즘' 형태로서 가장 일반화된 것으로 이슬람 지역 전체의 3분의 1 이상 절반 가까운 비율을 차지하고 있다고 전한다. '수피'란 말은 '양털'을 나타내는 수프(suf)라는 아랍어에서 파생한 것으로 초기의 수피 수도자들이 양털 옷을 입고 검소한 생활양식으로 살던 것에 기인한다. 명상과 황홀경의 체험을 통해 알라와의 합일, 치유와 기적 행위의 신앙, 지크르라 일컫는 북(드럼)과 여러 형태의 악기들을 이용하면서 반복적인 동작(춤)을 동반함을 통해 무아지경에 이르는 경험과 꾸란과 알라의 이름에 대한 주술적 이용, 죽은 성자들이나 죽은 이들을 통한 중보, 자른 머리카락과 손톱의 사용, 부적의 활용, 죽은 성자숭배 신앙과 의식(모울리드), 주술, 매듭, 마술 등의 사용, 축귀 의식, 나무와 돌 숭배의식, 저주와 축복, 주문, 이러한 정령 숭배적 요소들이 무슬림들의 신앙과 의식에 대한 총체적인 성향을 띠고 있기도 하다.

그런 이유로 정통교리서나 꾸란의 사상을 바탕으로 오늘날 이슬람 세계 무슬림의 신앙 세계를 이해하려는 시도는 탁상공론일 수 있다. 교리로서의 이슬람보다 삶으로서의 이슬람을 이해하는 것이 이슬람 이해에 꼭 필요한 것이다. 한국에서는 정통 이슬람 교리에 갑론을박(甲論乙駁)은 있지만 아직도 민간 이슬람의 연구와 평가는 부족한 편이다. 그 부족한 면이 채워질 때 비로소 이슬람 세계의 무슬림을 만날 수 있을 것이다.

악한 것으로부터 보호해 준다는 이슬람의 부적.
이와 비슷한 기능을 갖던 고대 이집트의 호루스의 눈과 연관 있어 보인다.(터키 이스탄불)

모든 무슬림은 꾸란 박사일까

"야! 아부 아흐마드, 어떻게 기독교인인 나보다 꾸란을 더 모르냐? 그게 말이나 돼?"

이집트에 머물 때 일이었다. 꾸란과 복음을 비교하면서 좀더 효과적인 복음전도를 꾀하던 나는 그곳에서 만난 이집트 현지인이 꾸란에 대하여 개인적인 지식이나 정리된 생각이 없음을 보며 한마디 한 것이었다.

"에이사, 성경 읽어 봤어? 성경에 대하여, 복음에 대하여 들어 봤어?"

"듣기는 들었지. 그런데 직접 본 적도 없고 읽은 적도 없다."

"그러면 복음서를 주면 읽겠니?"

"그럼, 당연하지. 언제 줄 건데?"

현지에서 만난 대부분의 무슬림들은 '성경'이라는 말을 들어 봤지만 직접 그 내용을 접해 본 경험은 없었다. 혹은 기독교의 비합리성을 비판하기 위한 수단으로 몇몇 내용을 들은 적은 있어도, 그 원자료는 본 적이 없는 경우가 태반이었다. 결국 꾸란도 모르고, 성경도 모르는 무슬림이 많았다는 의미이다.

이런 중동의 상황을 실제 경험하면서 적잖이 당황스러웠다.

"무슬림들은 누구나 꾸란을 달달 암송한다. 우리는 그들의 반도 못 따라간다."

이런 이야기를 듣고 이집트에 발을 내딛지 않았던가. 그런데 막상 현지 무슬림들을 알아 갈수록 전혀 그렇지 않은 상황 속에서 한동안 무척 혼란스러웠다.

물론 신앙에 열심인 무슬림들은 일년에도 몇 차례씩 꾸란을 정독하고 다 꿰고 있었다. 그렇지만 대다수의 무슬림들은 꾸란을 완독하거나 정독한 경험도 별로 없다. 이들에게 "꾸란 몇 장 몇 절에 뭐가 나오냐" 하고 물어보면 난감한 표정을 짓곤 했다.

아랍어는 외국인에게는 물론이고 현지인에게도 쉽지 않은 언어이다. 아랍 이슬람권의 문자 해독률은 50퍼센트 안팎이다. 따라서 문자를 깨우치지 못한 이들 중 독실한 무슬림들이 꾸란을 암송하더라도 읽을 줄 모르는 경우도 많다.

잠시 우리가 자주 암송하는 주기도문이나 사도신경의 경우를 생각해 보자. 사도신경이나 주기도문을 처음부터 외우려고 하면 아무런 어려움도 없다. 그런데 중간부터 외우기 시작하려면 생각이 영 안 나고 버벅대는 경험이 있지 않은가? 그것은 통째로는 암송을 했지만 하나하나의 의미를 곱씹으면서 자신의 고백으로서 주기도문을 하거나 신앙고백을 하지 않을 때 발생하는 경험들이다.

마찬가지로 무슬림 중에 꾸란을 암송하지만 그 의미를 곱씹으면서 암송하는 경우는 그리 많지 않다. 꾸란은 읽어야 하는 것, 즉 암송해야 하는 것이지 임의로 해석하는 것이 아니라고 무슬림들은 말한다. 그런 이유로, 꾸란을 암송하는 이들에게 꾸란의 의미를 함부로 물으면 상대방을 난처하게 만드는 것이다. 꾸란을 해석하는 일은 개인이 아니라 알라의 권위를 위임받은 울라마이(학자들)나 종교 성직자인 이맘 등을 통해서 이뤄지는 것이라고 믿는다.

스스로 꾸란을 읽거나 암송할 수 없는 이들이 많다. 게다가 꾸란은 아랍어로 된 것만을 꾸란으로 인정해서 아랍인이 아닌 다른 세계의 무슬림들이 아랍어 꾸란을 암송한다는 것은 거의 예외적인 일이다. 마치 한국 기독교인들이 헬라어로 신약성경을 줄줄 암송한다든지 히브리어로 구약을 암송하는 것과 다를 바 없다.

미국 로스앤젤레스의 한 이슬람 사원을 찾았다. 금요일 낮 예배가 진행되고 있었다. 얼핏 보기에 설교도 아랍어로 진행되고 성직자도 아랍인이고 예배 참석자들도 아랍 무슬림인 줄 알았다. 그러나 아랍인과 인도나 방글라데시, 파키스탄 등지에서 온 다양한 국적의 무슬림들이 모여 있었다. 교포 사원인데 설교나 예배 진행이 영어가 아닌 아랍어 일색이라는 것이 인상적이었다. 사실 꾸란은 아랍어로 읽어야 하고 설교도 아랍어로 이뤄지는 것이 보다 권위 있다. 영어 꾸란도 아닌 아랍어 꾸란을 비아랍계 무슬림들이 암송하거나 다 이해한다는 것은 쉽지 않은 일이다. 그런 까닭에 모든 무슬림이 꾸란 박사일 수 없고, 꾸란을 암송한다고 그 모든 의미를 깨달을 수도 없다.

이것은 무슬림만의 문제가 아니다. 기독교인이라고 라틴어나 그리스어, 히브리어 원어 성경은 고사하고라도 자기 말로 된 성경조차 한 번 통독 하지 않은 이들이 부지기수이기 때문이다. 성경을 모르는 기독교인들이 많은 것처럼, 꾸란을 모르는 무슬림들도 상당하다는 것이다. 이 것은 무슬림에게 이슬람에 대해 들었다고 하더라도 이슬람 정통이 아닐 수도 있다는 뜻이다. 토속 종교의 틀을 완전히 벗어 버리지 못한 기독교인이 여전히 기복적인 시각으로 기독교 신앙을 곡해하는 것과 마찬가지다.

이슬람은 현대판 적그리스도인가

이슬람을 현대판 적그리스도로 묘사하는 말들은 우리에게 낯설지 않다. 그리스도의 주 되심을 부인하고 그리스도인들을 가장 앞장 서서 탄압, 억압하고 심지어 기독교 세계를 공략하기 위하여 지금도 불철주야 정복의 칼날을 갈고 있다는 익숙한 논리가 우리 가까이 자리하고 있다. 알라는 우상이고 꾸란은 악마의 책이라고도 주장한다. 세상에 수많은 종교가 있고, 기독교 신앙에서 보면 말도 안 되는 주장과 비인간적이며 비윤리적인 종교도 많다. 그러나 유독 기독교인들이 타종교에 비하여 이슬람에 대하여 왜 이 같은 대립의 각을 세우는 것일까? 역사 속에 무슨 쓰라린 경험이라도 한 것일까? 마치 한국 사회의 실향민들이 북한을 넘어오기 전 그 사회에서 겪었던 쓰라린 경험이 지금도 상처로 곪아 있는 것처럼 이슬람이 기독교에 그런 쓴뿌리를 안겨 준 것일까? 그러나 묘하게도 그 대답은 '아니오'이다. 오히려 기독교 세계가 끊임없이 이슬람 세계를 위협했고, 오랫동안 정치적으로 군사적으로 통제한 것이 사실이었다. 근현대사에 있어서 서구 제국은, 이른바 오늘날의 4분의 1 지역에 자리한 대부분의 제3세계 국가들을 식민지배하였다. 멀리는 십자군 전쟁에 이르기까지 기독교 진영의 이슬람 세계에 대한 위협은 이어졌다.

"아니 이슬람 세계가 전 서구 세계를 장악하려고 침략한 적이 있지 않습니까?"

그렇다. 이슬람의 초기 확장 과정에서 북아프리카를 장악한 데 이어 지중해를 넘어 스페인 남부를 점령했다. 오늘날의 스페인 남부 안달루시아 지방은 바로 이슬람 세력의 서구 진출의 교두보가 되었다. 그러나 그것이 전부다. 이후 이슬람 세계는 무력으로 서구 세계를 지배해 본 적이 없다. 이슬람 세계와 기독교 서구 세계가 대립의 각을 세운 적이 있을지 모르지만 이슬람 세력의 서구 진출은 그것이 전부다.

그럼에도 서구 기독교 세계의 가장 현실적인 위협으로 이슬람이 자리하게 된 것은 무엇 때문인가? 아마도 십자군 전쟁을 전후하여 만들어진 반이슬람 이데올로기의 확산과 재생산에 기인한 것이 아닐까? 교육을 통해 반북 이데올로기가 확대 재생산되었던 것처럼 서구 기독교 세계에는 반이슬람 이데올로기가 주입된 것으로 보인다. 우리가 배운 세계사는 세계사가 아니었다. 서양사를 세계사란 이름으로 대했다. 동양사에도 이른바 중근동사는 빠져 있었다. 이제야 중근동에 대한 관심이 늘어나고, 중근동 교류사 같은 분야도 관심의 대상이 된 것은 그나마 온전한 의미의 세계사를 대할 수 있게 되었다는 점에서 다행스런 일이다.

예수의 그리스도 되심을 거부하는 적그리스도의 존재는 온 세계에 가득하다. 오히려 무신론적인 배경에서 유일하신 하나님을 거부하고 스스로 높아지려는 많은 인간신이 존재한다. 그러나 우리는 이들에 대해서는 별다른 경계심을 갖지 않는다. 이슬람만이 유일한 적그리스도 집단인 듯 대한다. 그러나 묘하게도 이슬람은 유대교와 더불어 유일신 사상을 가진 몇 안 되는 종교이다. 그들도 예수를 으뜸 선지자 중 하나로 받아들인다. 교리적으로 보면 기독교 진영 안에 있는 예수 그리스도의 신성을 거부하는 단성론자들과 크게 달라 보이지 않는다. 종교적 열심으로 보면 초대교회 때부터 교회 안에 자리잡고 있는 '믿음으로만이 아니고 선행을 통해서도 구원에 이른다'는 이른바 행위 구원론자들과 다르지 않다. 종교개혁도 사실 행위구원론자들로부터 이신칭의의 성경으로 돌아가는 신앙운동을 선언한 것이 아니었던가. 역사적으로 본다면 히틀러나 무솔리니 같은 고립된 민족주의자들의 세계 장악의 야욕은 최소한 제2차 세계대전 전후한 시기까지 이슬람권에는 존재하지 않았다. 그릇된 역사관으로 유대인들을 학살한 홀로코스트의 악몽을 재현한 이들은 침략 사상에 동조한, 스스로를 독실한 기독교인이라고 일컫은 이들이 아니었던가.

그렇다고 아랍 이슬람 지역에 석유가 발견되고 그것을 무기화하기 시작한 20세기 중엽이라고 상황이 크게 달라진 것은 없어 보인다. 이른바 4차 중동전 와중인 1973년, 오일 쇼크가 전 세계를 덮쳤다. 석유 무기화가 이뤄진 시기이다. 그러나 서구 사회는 이내 그 충격을 완화했다. 아울러 이슬람 세계가 이슬람 사상을 세계화하기 위하여 석유 무기화를 단행한 것은 아니었다. 이스라엘을 앞세운 서구 세계의 중동 장악 움직임에 대한 저항운동이었다고 아랍 역사가들은 주장한다. 나름대로 근거를 지닌 것 같다.

이슬람 안에 자리한 적그리스도적인 요소는 어떤 면에서도 이슬람 밖의 반기독교적, 적그리스도적인 경향보다 더하지도 덜하지도 않은 것으로 보인다. 유독 이슬람만을 적그리스도적인 체제와 이념이라고 생각하는 것은 무리가 있다.

이슬람 원리주의에 버금가는 기독교 원리주의

"모든 악은 이슬람으로부터 나온다"라는 생각을 안 해 본 기독교인들이 없을 것이다. 알카에다, 아프가니스탄을 장악하던 탈레반 정권, 이란의 호메이니 옹의 이슬람 혁명 사상은 동서 갈등 시대의 공산주의 사상처럼 오늘날 실존하는 모든 악의 화신이고 근원인 양 비춰진다. 그러나 이슬람 세계가 다 이렇게 흘러가는 것은 아니다. 이슬람 이전에도 이후에도 악은 존재했고, 이슬람에서 기원한 것보다 그렇지 않은 경우가 더 많다. 또한 이슬람 세계에 속한 모든 것이 선한 것이든 악한 것이든 이슬람에서 비롯된 것도 아니다.

이슬람 선교에 임하는 적잖은 기독교인들조차 새로운 형태의 십자군 의식으로 가득 차 있는 것을 보곤 한다. 묘하게도 역사는 반복된다는 생각을 갖게 한다. 최근 이라크 전쟁을 접하면서 이 같은 느낌이 더욱 강해졌다. 십자군 전쟁에 나서는 십자군과도 같은 사람들, 종교재판과

마녀사냥을 신앙의 수호와 정통성을 지키기 위한 불가피한 조치였다고 주장하는 이들과도 같이, '무슬림들의 강팍함에는 무력도 불사'라면서 주전론을 펴는 이들, '선교만 된다면 전쟁도 필요악'이라며 진군하는 군대처럼 선교를 가장한 침략주의, 인종차별적 언행들은 지금도 반복되고 재현된다.

기독교가 공인되고, 서구 유럽 사회는 기독교 제국을 형성하였다. 그렇지만 정치와 종교 간의 갈등과 야합의 부끄러운 장면도 존재하며, 권력간의 다툼을 종교적으로 포장하여 치른 수많은 전쟁의 어두운 그림자가 존재한다. 종교재판은 정치와 결탁한 무리들이 소수파, 반대파 제거를 위해 악용되기도 했고, 마녀사냥과 가혹한 형벌을 통해 중세 사회를 폐쇄화시키기도 했다. 신대륙을 발견하면서 시작한 선교를 가장한 침략과 원주민 말살은 그릇된 선민주의의 확산을 만들어 냈다. 청교도 정신으로 무장했다는 이들은 미국을 점령하고 미국 원주민들을 말살하면서도 하나님의 이름을 불렀다. 급기야 전 세계로 퍼져 나간 제국주의 시대에 기독교는 선교를 한다는 명목하에 앞장 서서 제국주의의 발판을 만들어 주었다.

오늘날도 독실하다는 신앙인들의 폐쇄적인 세계관은 또다시 전 세계의 약소민족과 이교도 집단에 대한 잔혹함으로 표출되고 있다. '선교를 위하여, 하나님의 영광을 위하여' 그런 일들을 서슴없이 벌이고 있다. 전쟁은 그 어떤 명분으로도 잔혹함을 덮어 버릴 수 없는 악이다. 전쟁은 여호와께 속했다는 고백만으로 전쟁의 악을 위장할 수도 없다. 여호와의 전쟁을 기억하는 이들은, 군대로 무기의 뛰어남으로 정복하는 것이 하나님의 뜻이 아님을 기억하여야 한다. 다윗의 손에 들린 두 개의 물맷돌이 칼과 단창으로 무장하여 하나님의 전쟁을 치르려는 이들에게 도전이 되고 있는 것이다.

이슬람 세계를 품으려면 먼저 역사 속에서 믿는 자들에 의해 왜곡된 역사를 바로 잡고 회개하려는 자세부터 가져야 한다. 무슬림들이 가진 기독교에 대한 편견이나 선입견이 이들의 강팍함에 기인한다고 주장하기보다는 그들에게 쓴뿌리를 안겨 준 우리의 편협한 신앙 때문임을 반성해야 할 것이다. 한국인들에게 일본의 존재가 늘 쓴뿌리로 남아 있는 것처럼 적잖은 이슬람권의 무슬림들에게 기독교를 앞세웠던 서구는 거부감을 안겨 주는 역사의 쓴뿌리로 남아 있다는 사실을 명심해야 할 것이다.

이슬람이 가는 곳에 폭력과 테러뿐인가

"전 세계 모든 폭력과 테러리즘 배후에는 이슬람 세력이 존재한다. 이슬람은 오늘날 가장 강력한 반인륜적 테러의 화근이다."

"이슬람 국가들을 보라, 다 지지리도 못살고 있지 않은가?"

"저 희미한 눈빛을 보세요. 저렇게 하니까 하나님을 믿는 이스라엘한테 허구한 날 당하죠. 무슬림 국가들은 별 볼일 없어요. 기독교를 믿어야 부자 나라가 되는 것이에요. 미국을 보세요."

그러나 결론부터 말하자면 기독교 세계에도 가난과 폭력은 존재한다. 그리고 국제적인 테러를 자행하는 이들 가운데 비무슬림들도 상당수 존재한다. 세계의 알부자 중에는 기독교인이 아닌 이들도 얼마든지 있고, 부자 국가들 중에도 기독교가 뭔지 모르는 나라도 들어 있다. 더욱이 국제적인 폭력을 행사한 이들 중 이슬람권 출신들은 최근에 등장한 이들이 대부분이다. 이제까지는 대개 서구 지역에서 탄생했다.

폭력이라는 이름은 종교에서 비롯한 것이 아니다. 아직도 끊이지 않는 화약고 가운데는 구교와 신교 간의 종교 분쟁으로 표현되는 대영제국하의 북아일랜드 분쟁을 손꼽을 수 있다. 이들의 기나긴 종교분쟁 배후에도 이슬람이 있다고 말할 수 있을까? 이들의 폭력적 배경에 있는 것이 그릇된 기독교 분파주의라는 점을 간과할 수 있을까? 청교도주의를 바탕으로 이뤄지던 주홍글씨의 배경이 된 폐쇄적 가치관과 아메리칸 인디언에 대한 무차별적 테러는 물론이고, 합법적 정권을 빌미로 전 세계를 지배하려던 독일의 나치즘 배경이 된 독일 교회가 존재한다. 그 옛날 비잔틴 제국도 비잔틴의 깃발 아래 중근동의 기독교 국가들을 제패하고자 폭력을 행사했다. 이들 모두는 국제적인 테러였고, 그 안팎에 기독교를 빙자한 이데올로기가 존재했다.

국제적인 테러 집단에 이슬람권이 포함되기 시작한 것은 그리 오래되지 않았다. 대표적인 테러리즘으로 몰리고 있는 팔레스타인인들의 자살폭탄 테러나 알카에다의 존재가 세계화된 것도 최근 수년 사이에 벌어진 것이다. 소련의 점령에 항거하면서 시작된 아프가니스탄 탈레반 정권이 테러리즘에 빠지게 된 것이나 세르비아 내전이나 동구의 종교 분쟁도 오래된 것이 아니다. 이슬람 무장 저항 원리주의 집단이 그들의 투쟁 명분으로 삼고 있는 미국의 패권주의나 서구 식민주의 잔재로 일컬어지는 중동 지역 내의 독재와 반인권적 상황에 대한 자성이 일어난 것이 얼마 안 되었다는 것을 보여 준다.

앞서 살펴본 것처럼 이슬람이 가는 길에 폭력과 테러뿐이라는 인식에는 이슬람 세계에 대한 서구의 이데올로기 공세와 인종주의, 이슬람 혐오주의 등이 영향을 끼치고 있는 것으로 보인다. 일부 아랍인들은 서구에 만연한 이슬람혐오주의의 배경에 시온주의자들의 음모가 깔려 있다고 흥분한다. 사실 적잖은 아랍인들이 모든 악의 뿌리를 시온주의자들의 세계 지배 야욕에 있다고 음모론을 줄곧 제기하고 있다. 어떤 면에서 아랍 지역에서는 두 가지 음모론이 서로 각축을 벌이고 있다.

예멘의 한 지방 주민들로 총기 휴대는 기본이다. 중앙정부는 개인의 총기 휴대를 금지하고자 애쓰지만 성과는 별로 없다.(예멘 북동부 즈라자)

아랍 측에서 제기하는 시온주의자들의 음모와 그 반대편에서 주장하고 있다고 이야기되는 이슬람 원리주의자들의 테러리즘이 그것이다.

어느 대학의 학생들 중 일부가 지역조사를 떠나기 전, 이슬람에 정통한 것으로 알려진 한 교수는 학생들에게 이집트의 카이로대학을 집중 연구할 것을 제안했다. 그 배경에는 아라파트나 사담 후세인 등 이슬람권의 문제아들, 테러리즘이 있다는 인식이 깔려 있었다. 그러나 카이로대학 출신이 얼마인지 알면 당혹스러울 것이다. 오늘날 카이로대학은 재학생만 12만여 명이다. 아라파트나 사담 후세인 등이 카이로대학에 다니던 당시는 물론 수많은 학생들이 같은 공간에서 공부를 했다. 그러다 보면 대학에서 이런 사람 저런 사람을 배출하는 것은 자연스러운 일일 것이다. 한두 사람의 특출한 흔적을 근거로 일반화하는 것은 오류일 뿐이다.

서구 출신의 테러리스트가 존재한다고 우리의 기독교 신앙을 모독할 수 없는 것처럼 이슬람권 출신의 테러리스트가 존재한다고 해서 그들의 이슬람 신앙 자체를 모독할 수도 없다. 기독교인들이 이슬람을 테러와 폭력의 배후나 원인으로 생각하는 것 이상으로 무슬림들도 서구 기독교를 제국주의와 패권주의, 국제적 폭력의 원인으로 생각하고 있다는 점은 극복해야 할 것이다. 기독교인으로서 무슬림들의 반기독교적 정서를 근거 없다고 일축하거나 그들의 마음이 닫혔다고 몰아가서는 안 될 것이다.

자폭 테러의 영광?

"무슬림들의 지하드(聖戰)는 다 천국 가기 위한 수단이다"라고 비판하는 이들이 적잖다. 팔레스타인 지역이나 전 세계 분쟁 지역의 무슬림들 중에 자기 목숨을 무기로 바꾸는 이른바 자폭 테러가 번져 간다. 이 것을 두고 무슬림들이 성전에 참여하다 죽으면 천국으로 직행해 그곳에서 일곱 명의 아름다운 처녀들과 살 수 있어 장가 가기 힘든 무슬림 청년들이 자원하고 있다는 식으로 말하곤 한다. 그러나 그것으로 죽음까지도 불사하는 이들의 행위를 온전히 이해했다고는 할 수 없다.

일제 강점기 때 한반도에서도 이와 유사한 일들이 있었다. 조국 독립을 위해 투쟁에 나선 이들은 거사 전에 태극기를 배경으로 기념사진을 찍곤 했다. 그 죽음이 자신에게 가져올 영광을 계산했다고 볼 수 없다. 이들에게는 침략당한 조국의 독립을 위한 열망 외에 무엇이 있었겠는가. 우리는 이들을 의사나 열사, 애국지사로 부른다. 이들에게 유일한 소원이 있다면 그것은 자주독립이었다. 물론 개인적인 성향에 따라 1930년대 이후 한국 사회에 이념이 유입되면서 사회주의 사상이나 다른 이념적 지향성을 지녔을지라도 그것이 일차적인 목적은 아니었다.

이와 비슷한 양상으로 무슬림들의 저항 이념을 이해할 수는 없을까? 물론 모든 이슬람 저항 집단의 투쟁이 탈이념적이라고 말할 수는 없다. 폭력적 저항 이념으로 무장한 테러리즘도 이들에게 존재하기 때문이다. 그럼에도 불구하고 이스라엘로부터 독립을 열망하는 의지조차 이념적 지향성만으로 해석하는 것은 무리가 있다. 게다가 여성 자살폭탄 공격자들이 이어지는 것에 대해서 어떻게 해석할 수 있는가? 그것도 결혼을 앞둔 여성이 폭탄에 자신의 생명을 내던지는 것조차 단지 죽음 이후 천국에서 받을 보상을 위한 몸바침이라거나, 자살폭탄 테러를 행한 사람의 가문이 순교자의 집안으로 존경을 받게 된다거나, 자살 보상금으로 거액이 주어진다는 것이 그 이유라고 몰아붙이는 것은 무리가 있다.

생명을 던지는 이들의 한계상황과 절박함은 처절하다. 강 건너 불구경 하듯 자살 공격에 대해 논쟁하기보다 그들에게 평화의 길을 보여주고, 진정한 평화와 갈등의 종식을 위해 마음을 같이하는 전향적 태도가 필요하다.

명예 범죄와 일부다처제

명예 범죄는 여성이 부정한 짓을 저질렀다는 혐의만 가지고도 친척이나 가족 중의 구성원이 그녀를 살해했을 때, 이것을 가문의 명예를 지키기 위한 행위로 간주하는 아랍 사회나 이슬람권에 존재하는 악습을 말한다. 이슬람권에 명예 범죄 관행이 남아 있는 것이 사실이다. 그러나 사실 명예 범죄는 이슬람 사상 유입 이전부터 중근동에 퍼져 있던 악습의 하나이다. 남성 중심 가부장제 전통 속에서 여성을 억압하던 하나의 틀이기도 했다. 사실 마리아가 임신했다는 이야기를 들은 요셉이 자신이 속도위반을 하지 않았다고 주장했다면 마리아는 여지없이 명예 범죄의 희생자가 되었을 것이다. 재혼 이상이 허용되지 않던 여성들이 생계유지를 위해 첩살이를 했을 때도 이 또한 간음 행위로 간주해 언제든지 돌팔매질이나 명예 범죄의 희생자가 될 수도 있었다. 그런 면에서 명예 범죄는 이슬람에서 기인한 것이기보다 그 이전 구습이 잔존한 것이다.

그럼에도 불구하고 오늘날 이슬람권에는 명예 범죄를 옹호하는 무슬림들과 이를 악법으로 간주하고 악법 철폐를 주장하는 이들 간의 팽팽한 신경전이 벌어지기도 한다. 그 중 대표적인 나라가 요르단이다. 명예 범죄를 명백한 살인 행위로 간주하고 강력한 처벌을 촉구하는 여성 운동가들과 개혁인사들과 성 차별에 기인한 전통 보수파의 힘겨루기가 한창이다. 암탉이 울면 나라가 망한다고 여성이 목소리를 높이는 것을 불경스러운 것으로 여기는 보수 무슬림들의 모습을 보면, 한국의 전통적인 문화가 지배하던 조선시대 고지식한 유생들의 모습이 연상된다.

일부다처, 정확하게 표현하면 '일부사처제'는 이슬람 하면 쉽게 떠올릴 수 있는 소재이다. 한 남편이 동시에 네 명의 부인을 둘 수 있는 일부다처제에 대해서는 이슬람 세계 안에서도 의견이 분분하다. 일부다처야말로 여성들의 권익옹호를 위한 사회보장제도라고 강변하는 경우도 있다. 서구의 혼외정사나 '바람피우기' 관행보다는 훨씬 건전하고 바르다는 논리가 뒤따른다.

일부다처는 모든 무슬림들이 꼭 지켜야 할 의무이거나 권장사항은 아니다. 개방된 세계나 젊은 세대일수록 일부일처제를 선호한다. 각 나라의 결혼통계를 토대로 살펴보면 2명 이상의 부인과 결혼생활을 하고 있는 남성의 비율은 2~10퍼센트 정도이다. 모로코는 남편이 또 다른 부인을 둘 수 있는 경우를 엄격히 제한하고 있다.

이제까지는 남편 혼자 결정하여 부인을 더 거느려도 여성이 항변할 길이 막막했다. 그동안 이 지역 대다수의 여성들은 운명이라고 생각하고 낳을 수 있는 한 자녀를 낳았다. 그것도 14세 전후에 결혼이 가능해 20세가 되면 중년이라 불렸다. 이들에게 피임은 신의 뜻을 거스르는 것이었다. 그러던 것이 요즘은 조혼이 폐지되고, 결혼 연령도 18세로 상향조정되었다. 피임약 사용도 일반화되어 튀니지에서는 1960년대 평균 18년이던 여성의 임신 기간이 지금은 6년에 불과하다.

일부다처 전통도 이슬람 이전 시대부터 이어지던 관습의 하나이다. 아브라함의 축첩이나 이스라엘 왕들의 이야기에서도 볼 수 있고, 형사취수법의 전통을 통해서도 그 실마리를 찾아볼 수 있다. 일부다처 전통이 이슬람 안에 자리하게 된 것은 잦은 전쟁 등으로 남편을 잃은 고아와 과부를 자신의 조강지처처럼 돌보라는 무함마드의 가르침을 따르는 것이라고 무슬림들은 말한다. 그렇지만 일부 무슬림 남성들이 자신의 성적 취향을 따라, 여성을 소유로 생각하는 나쁜 인식에 빠져 일부다처의 정심을 훼손하는 경향을 보인다는 지적도 나오고 있다. 그래서 일부 이슬람 국가에서는 일부다처를 법으로 금하기도 한다.

"세컨드, 뭐가 문제예요?"

둘째 셋째 부인 자리도 문제가 되지 않는다는 젊은 여성들도 간간이 발견할 수 있다. 사실 한국에서도 권세가나 재력가의 첩살이를 마다하지 않는 여성들이 존재하는데, 이슬람권은 완전한 법적 권한이 인정되어 우리나라의 세컨드 개념과는 다르다. 일부 여성들은 일부다처제의 해악을 거론하는 것 자체가 여성 권익을 훼손하는 것이라고 주장하기도 한다.

오늘날 이슬람권에서는 꾸란의 정신을 바탕으로 여성 권익신장에 나서기도 하고, 반대로 여성들을 제한하고자 애쓰기도 한다. 명예 범죄나 일부다처 문제도 이슬람 세계 밖으로부터 비난 때문이 아니라 이슬람권 내부에서 이미 오래 전부터 논쟁이 된 것도 오래된 일이다.

아랍 여성 운동가들이 더 주목하는 것은 일부다처제의 폐지보다 4촌 간에도 결혼이 가능한 근친결혼의 폐단과 조혼 제도의 개혁이다. 아울러 한국 사회에서 축첩 행위를 바라보는 시각과 이슬람 사회에서 일부다처를 바라보는 시각 사이에는 상당한 차이가 있다는 점도 고려하여야 할 것이다.

이슬람은 확장되는가, 증가하는가

"이슬람은 서구 기독교의 이슬람권 진출을 막기 위해 연대하고 있다."
"이슬람권은 서구 기독교 사회를 이슬람화하기 위하여 몸부림치고 있다.”

“전 세계 이슬람화 차원에서 모든 이슬람 사원에 선교 재정이 지원된다.”

“아니 알카에다 같은 조직을 보세요. 전 세계를 테러 공포에 몰아넣고 있지 않나요?”

이런 말을 들으면 하나의 이슬람 세계화 본부로부터 전 세계 이슬람화를 위한 작업이 진행되는 것처럼 착각할 정도이다. 그럴 수 있다. 하지만 그럼에도 불구하고 이슬람 국가들 정부가 연합하여 이슬람을 전 세계에 퍼뜨리기 위한 공동전선을 편다는 주장은 타당성이 없어 보인다.

세계사 속의 이슬람 확장 역사를 볼 때, ‘한 손에는 꾸란, 한 손에는 칼’이라는 명제가 서구에 의해 왜곡된 것은 분명하다. 우리는 그동안 ‘한 손에는 꾸란, 한 손에는 칼’을 들고 이슬람을 전파했다고만 배웠다. 이슬람을 호전적인 종교로 이해하고 이슬람의 폭력성에 더 친근감을 느꼈다. 그래서 문명간의 충돌이 사실적으로 다가왔다. 이슬람을 일컬어 ‘호전적 이슬람’, ‘이슬람 원리주의’, ‘테러리즘’ 등으로 칭하며 ‘위협적이고 도전적’이라는 주장에도 이의가 없었다.

그러나 이슬람 학자들은 이런 시각에 거부감을 드러낸다. “(기독교와 이슬람의 문명 간의) 충돌과 대립상황에 처했을 때 대부분의 침략자들은 서방 측이었다”라고 주장한다. 무함마드가 이슬람을 전파한 이후 약 1천 4백 년의 이슬람 역사에서 이슬람 공동체는 안팎으로 화해와 용서, 절충과 합의를 통한 평화로운 공존을 추구했다고 주장한다. 사실 이슬람의 정복 전쟁이 꾸란이냐 칼이냐 양단간의 결단을 촉구한 것만은 아니다. 칼보다는 인두세라는 경제 무기를 내세우고 직·간접적인 물리력을 통해 이뤄진 것도 사실이기 때문이다.

무슬림 학자들은 이슬람이 칼로 교세를 넓혔다면 오늘날처럼 세계적인 종교로 자리매김하지 못했을 것이라고 말한다. 즉, 이슬람이 평화의 종교로, 평화적인 전파를 통해 확장했다고 주장한다. 그러나 세계적인 종교가 되었다는 것이 그 종교의 평화 지향성을 반증하는 것일 수는 없다. 이슬람은 관용적으로 신앙의 자유를 보장해 주었기 때문에 여러 지역에 개종자들을 얻을 수 있었다는 이슬람 학자들의 주장은 사실과 다른 면이 많다. 이들은, 종교는 결코 강요해서 성취할 수 없는 것이며, 꾸란에서도 '종교를 강요할 수 없음'을 분명히 명시하고 있고 그것을 그대로 지켰다고 말하지만, 이 또한 사실이 아니다. 아울러 중동이 기독교 세계에서 손쉽게 이슬람화가 된 배경에는 다수의 기독교인들이 이슬람을 새로운 종교가 아닌 자신들과 동일한 일신론과 단성론을 주장하는 기독교 분파로 오해하고 그대로 받아들였다는 면도 고려해야 한다. 이들이 비잔틴 제국의 학정으로부터 자신들을 해방시켜 주는 또 다른 기독교 세력으로 이슬람 군대를 맞이한 것이라는 이론도 나름대로 타당성 있어 보인다. 이런 모든 면을 살펴볼 때 이슬람 초기의 확장 과정은 무력에 의해, 경제적인 압력에 의해, 종교적 오해로 인해, 그리고 이슬람 자체의 흡인력 등으로 이뤄진 것이라고 할 수 있다.

오늘날 이슬람의 확장은 이슬람 정부 차원에서 지원한 결과라기보다는 무슬림들의 열정과 그들의 재정적 후원에 힘입은 바가 크다. 미국이나 서구에서의 이슬람 사원 증가와 구소련이나, 이른바 빈국에서의 이슬람 확장 사이에 하나의 차이점을 발견할 수 있다. 무슬림만큼 선교 열정이 강한 이들도 없다. 이미 유럽이나 미국 등 서구에 이민 가서 자리 잡은 사람들은 종교적인 열정을 자신들이 살고 있는 서구와 동유럽과 미개척 지역에 쏟아 붓고 있다. 40분의 1씩 감당하는 자카트(이슬람의 십일조에 해당하는 것으로 모든 무슬림이 행하여야 하는 종교적 기본

의무이다)를 통해서나 특별헌금 등에 투자하고 있다.

직·간접적인 압력과 회유에 의해 이슬람화되는 이들도 적지 않다. 이슬람이 관용과 평화를 내세우지만 이슬람권의 소수파 기독교인들에 대한 법적, 사회적, 물리적 압박과 차별과 편견은 지금도 존재한다. 대부분의 경우 정부 기관에 의해 이뤄지지 않지만 법으로 제약을 받고 있는 것도 사실이다. 이슬람에서 다른 종교로 개종하는 것이 불법으로 규정되어 제재를 가하는 반면에, 타종교인들이 이슬람으로의 개종은 언제나 환영한다.

사실 일부 무슬림들의 신앙생활은 자유롭게 이뤄진다. 남의 시선에 아랑곳없이 어디에서나 카바 신전을 향해 기도하는 이들을 볼 때면 남다르게 보인다. 누가 기도하라고 강요하지 않는데도 자발적으로 그렇게 하는 이들이 있다. 그럼에도 불구하고 이슬람은 강제성을 지닌다. 날 때부터 자신의 의지나 결정에 관계없이 주어지는 무슬림 신분을 벗어날 수 없기 때문이다. 선택의 여지없이 주어지는 종교, 한 번 무슬림은 영원한 무슬림이 되는 것이다. 법적으로 개종을 인정하지 않아 한 개인의 신앙 여부와는 무관하게 무슬림의 수치는 줄어들 수 없다.

이슬람 공동체 안에 존재하는 지역감정, 인종 편견

새로이 이슬람을 받아들이는 이들 중에는 '무슬림들의 공동체 움마 정신을 통해 참된 신앙의 길인 이슬람을 받아들이게 되었다' 는 이들도 많다. 무슬림들의 진실한 모습에 매료되어 이슬람을 받아들였다는 이들도 종종 만났다. 동유럽이나 중앙아시아 지역의 새로운 무슬림들은 무슬림 독지가들의 헌신과 재정 지원을 힘입고 있는 것도 사실이다. 병원과 학교를 세워 주는데다가 외국 유학의 길을 알선해 주기도 한다. 마치 근현대사 기독교 선교의 한 형태를 연상시킨다. 오늘날 새로이 무슬림이 되는 사람들 중에는 경제적인 이유도 한몫하고 있다. 마치 콘스탄틴 황제가 기독교를 공인하면서 기독교인이 아니고는 출세할 수 없었던 이유로 기독교로의 유입이 폭발적이었던 것과 같다. 이런 면에서는 이슬람의 확장이 '자금' 덕분이라고 말할 수 있다. 그렇지만 그것만으로 모든 것을 설명할 수 없다. 공동체를 잃어버린 이들에게 무슬림들이 보여 주는 친절함과 따스함—사실 무슬림들은 외국 무슬림들을 동족 무슬림보다 더 잘 챙겨 준다—등의 인간적인 이유도 한몫하고 있음을 무시할 수 없다. 게다가 이슬람의 논리적인 체계는 이성을 앞세워 신앙을 영위하려는 이들에게 매력적인 면도 있기 때문이다.

그러나 이슬람 공동체 안에 엄연히 존재하는 지역감정, 인종 편견도 무시할 수 없다. 특정 국가 사람들에 대한 거부감과 부정적인 선입견이 존재한다. 그 한 예를 짚어 보자. 암만을 비롯한 요르단 전역에는 어림잡아 25만여 명의 이집트인들이 불법 또는 합법으로 체류하고 있다. 물론 이들이 체류하는 이유는 돈을 버는 것이다. 많은 이들은 고대문명의 산실로서 중동의 강자 이집트를 떠올린다. 사실 요르단은 이집트에 비한다면 별달리 내세울 것 없는 유목민 전통의 소국이다. 그런데 이 요르단에서 파라오의 백성이 노예 같은 머슴살이를 하고 있어 이채롭다.

요르단의 실업률은 대략 잡아 20퍼센트 안팎이다. 그런데 요르단에서 취업중(불법, 합법 포함)인 이집트인, 시리아인, 이라크인들의 불법 노동자들이 대략 80여만 명이 넘는다. 물론 이들 중 다수는 막노동부터 시작하여 이른바 3D 업종에 종사한다. 요르단인들은 일자리가 없다면서도 손에 기름 묻히고, 식당 잡일을 하는 것은 기피하는 편이다. 그래서 이런 일자리가 남아 돌아도 일하려고 하지 않는다.

그러다 보니 이집트인들이 이런 허드렛일에 종사한다. 독채나 연립 주택, 아파트의 관리인 중 대다수가 이집트인들이다. 관리인이라는 호칭을 요르단에서는 '하리쓰'라고 부른다. 축구 경기에서 골키퍼를 부를 때도 '하리쓰'를 사용하며, 문지기 또는 지킴이라는 뜻의 아랍어이다. 이들 하리쓰들은 요르단 현지인들의 머슴으로 자리매김하고 있다. 관할구역(집이나 아파트 등) 거주자들의 온갖 잔심부름에서부터 건물관리와 청소까지 도맡아 한다. 그래서 요르단인들은 이집트인을 아주 천하게 여긴다. 이들이 사용하는 독특한 이집트 아랍어도 우스갯거리로 등장하기도 한다.

처음 요르단에 왔을 때이다. 이집트 아랍어가 몸에 배여 있었던 까닭에 나도 모르게 이집트식 아랍어가 튀어나오곤 했다. 그러자 현지 요르단인들의 표정이 묘했다. 어떻게 외국인이 촌스럽게(?) 이집트 아랍어를 사용하냐는 것이었다. 그후로 나는 내 아랍어 속에 숨어 있는 이집트 억양을 죽이느라 고생했다. 그렇다고 그 이집트식 아랍어가 완전히 사라질 수는 없었다. 이집트에 있을 때는 이집트나 이집트인들을 무시하면 참지 못하던 내가 요르단에 와서는 이집트인 취급받는 것이 싫어 말까지 바꾸려고 노력을 한다니, 이런 모습에서 간사스러운 나를 보게 된다. 언제는 이집트인이 제일 좋다고 하더니 말투까지 의도적으로 바꾸려고 하니 말이다.

점차로 증가하는 이슬람 사원?

"이슬람 정부나 해외 이슬람화(선교) 자금에 의해 전 세계 이슬람 사원이 지어진다"라는 소문이 자명한 사실인 것처럼 퍼져 있다. 전 세계 이슬람 사원의 확장에는 모두 사우디아라비아의 석유 자본이 자리하고 있다는 이야기도 공공연하게 들려 온다. 그러나 과연 그럴까?

그러나 2001년 영국 정부의 인구통계 조사결과에 따르면 가장 많은 무슬림이 몰려 있는 런던에는 이제까지 100여 개 안팎의 이슬람 사원이 존재할 뿐이다.

2004년 7월 중순, 이슬람과 기독교의 만남의 현장이었던 스페인 남부의 한 도시 알게지라를 찾았다. 그곳에서 만난 2개의 이슬람 사원, 물어물어 가지 않으면 사원이 어디에 있는지도 알 길이 없었다. 그 사원은 건물 2층에 세를 놓아 운영중이었기 때문이다. 기도 시간을 알리는 첨탑 미나렛도 당연히 없었다. 모로코인 이민자 아흐마드는 이런 이야기를 들려 줬다.

"스페인 정부에서도 사우디아라비아 등지에서 들어오는 사원 건축 지원 자금은 통제하지 않는다. 그러나 이란 등 반미 반서구 경향이 있는 나라의 지원금은 통제하고 있다."

이런 제한적 건축 지원 허용은 이슬람 국가 안에서도 존재한다. 해당국의 정치적 입지에 따라 외부 지원금은 철저하게 통제되곤 한다. 이런 면에서 "이슬람 사원은 모두 이슬람 선교자금으로만 지어진다"라

이슬람 사원으로 바뀐 영국의 한 교회.
유럽의 교회가 이슬람 사원으로 바뀌기도 하지만,
심지어 술집으로 용도가 바뀌기도 한다.
이슬람권의 교회 공략의 결과는 아니다. (영국 맨체스터)

는 주장은 근거가 희박하다. 사원 건립을 위한 자발적인 후원과 헌금, 모금운동이 병행되고 있기 때문이다.

기독교인과 무슬림 사이에 유사성이 있다. 그것은 두세 사람만 모이면 교회를 세우거나 사원을 세운다는 점이다. 이런 면에서 이슬람도 선교 지향적인 종교이다. 이것은 단순히 이슬람 조직의 돈과 조직력으로 이슬람을 확장한다는 일부의 오해를 풀어 주는 키워드가 된다. 이슬람의 확장이 단순히 석유를 팔아 얻은 '돈'으로 매수하고 유혹한 결과라고 폄하하는 이들도 있다. 그렇지만 이것은 분명한 오해이다. 물론 이슬람 정부나 단체에서 이슬람 사원 건축 자금의 일부 또는 상당 부분을 지원한다. 그렇지만 여기에도 무차별적인 지원만 있는 것이 아니다. 심지어 각 이슬람 국가 정부 안에 있는 이슬람 종교부조차도 이 같은 일을 감당하지 못한다. 예를 들어 모든 이슬람 사원들이 이른바 이슬람 선교 자금에서 비롯되는 것이라면 왜 사원의 크기도 다르고 분위기도 다른가? 어떤 사원은 화려한데 어떤 사원은 엉성하기 그지없다. 심지어 개척교회처럼 자체 건물을 갖지 못한 이슬람 사원이 존재한다. 물론 사우디아라비아 같은 부국의 종교부나 이슬람 재단의 경우 보다 그들의 종교를 국외에 펼 수도 있을 것이다. 그렇다고 해서 모든 이슬람 국가들이 이슬람 확장에 혈안이 되어 이른바 오일 달러를 퍼부어 대고 있는 것은 아니다.

요르단의 경우 이슬람 사원을 짓기 위해서는 이슬람 사원이 없는 곳에 일정한 수의 주민이 있어야만 한다. 주민도 없는 곳에 무작위로 사원을 세우지 않는다. 그리고 주민들에 의해 사원 건축위원회 같은 것이 만들어져야만 한다. 이들 건축위원회의 활동과 기금 마련 여부에 따라 정부의 이슬람 종교성에 지원을 신청할 수 있다. 그렇지만 대개의 경우는 정부와 개인, 단체가 공동으로 자금을 대는 매칭 펀드(matching fund) 형태로 사원 건축이 이뤄진다. 아울러 사원의 유지와 관리, 보수를 위한 모든 비용이 정부에서 무상 공급하는 것도 아니다. 이것도 사원 후원회 등을 통해 기본적으로 충당하도록 되어 있다.

기독교인 이민자들이나 해외 거주자들 마을에서도 교회가 생겨나곤 한다. 기독교인들의 믿음에 대한 갈망과 열심에 바탕한 현상들이다. 이와 비슷한 모습들이 무슬림 공동체에도 나타난다. 호주나 유럽 등지에 밀입국한 사람들조차도 몇몇 무슬림들이 모이면 이들은 함께 예배

드리기 시작하고 사원을 건축하기를 원한다. 기존 건물을 세내어 이슬람 사원으로 개조해서 사용하거나 자체 부지를 매입해 사원을 건축하기도 한다. 아니면 유럽의 경우 큼직한 교회 건물을 매입하여 이슬람 사원으로 변경하여 사용하기도 한다. 첨탑을 번듯하게 갖춘 이슬람 사원은 유럽에서 보기 힘들다.

팔레스타인계 무슬림을 비롯하여 많은 아랍인들이 몰려 사는 캘리포니아의 로스앤젤레스 인근의 애나하임 지역에는 여러 개의 이슬람 사원이 존재한다. 그 중에 남가주 사랑의 교회 정문 맞은편에 이슬람 사원과 교육관이 자리하고 있다. 이 이슬람 사원에는 다양한 국적과 인종의 무슬림들이 출입한다. 아랍어를 모르는 동남아시아에서 온 무슬림들도 상당수 눈에 띈다. 각 인종별 이슬람 공동체가 다 꾸려져 있지 않은 까닭이다. 만약 특정 세력에 의해 이슬람 사원이 우후죽순 들어서고 있다면 각 인종별 무슬림들이 모일 만한 크고 작은 사원들이 건설되어야 마땅하지만 현실은 그렇지 않다. 이 사원 건물은 이슬람 건축 양식으로 짓지 않았다. 일반 건축물을 구입하여 이슬람 사원으로 용도 변경하여 사용하고 있는 경우이다. 단층으로 이루어진 전형적인 캘리포니아식 건물이다. 그런 까닭에 겉모습으로는 이곳이 이슬람 사원인지 알 길이 없다. 이 사원의 모든 운영과 건물의 유지비용은 이곳을 출입하는 무슬림들의 헌금으로 꾸려지고, 일부만 외부 지원금으로 충당한다.

이슬람 정부는, 이른바 국책 사업의 일환으로 이슬람 사원이나 이슬람 시설을 짓기도 한다는 것을 부정할 수 없다. 그러나 이 경우에도 지역별로 건축위원회나 후원회 등을 조직하도록 되어 있다. 지역 주민들의 참여나 지원과 무관하게 정부가 일방적으로 사원 관리에 개입하지 않는다.

이런 이유로 이슬람 국가의 사원들이 지역에 따라 크기와 모양이 다르다. 정부가 지원하여 이슬람 사원을 건축한다면 사이즈나 모양이 획일화되어야 하는데 이슬람 사원은 제각각의 모양과 형편을 보여 주고 있는 것이다. 맞춤형 사원은 그런 면에서 존재하지 않는다.

이삭의 후예인가, 이스마엘의 후예인가

중동 아랍 이슬람권을 바라보는 한국 기독교인들 중 대다수는 아랍에 대한 거부감과 함께 이스라엘에 대한 친근감을 표한다. 이스라엘은 하나님이 특별하게 택하신 선민이고, 아랍은 그렇지 않다는 근거 없는 확신을 가지고 있다. 이삭의 후손과 이스마엘의 후손(무슬림) 사이의 갈등이 전 세계 분쟁과 갈등의 중심이라고 말한다. 그리고 거부감 없이 이런 주장에 동의하고 동감을 나타낸다.

그러나 이런 시각은 성경적 근거가 부족한 혈통주의에 바탕을 둔 것이다. 문명충돌론적인 이슬람 선교관이다.

"저들이 복음을 몰라서 저렇게 폭탄을 터뜨리고 자살 공격을 하고 테러를 하는 것 아닙니까? 저들에게 복음이 필요합니다."

이런 이야기를 들을 때 많은 이들이 거부감을 느끼지 않고 자연스럽게 동감할 것이다. 하지만 이런 생각은 이슬람 선교를 제대로 하기에 앞서, 가장 먼저 넘어서야 할 편견이다.

중동이 전쟁의 화약고임에는 틀림없다. 우리가 무관심한, 지금도 그 땅에 이어지고 있는 피흘림의 슬픈 현실은 무엇 때문인가? 오늘날 우리가 직면하고 있는 지구촌의 갈등을 두고 '기독교와 이슬람의 문명충돌'이나 '이삭(유대교)과 이스마엘(이슬람)의 형제 갈등'으로 풀이하지만 이런 시각은 조금 다듬어져야 할 것 같다. 이삭의 후예인 이스라엘과 이스마엘의 후예인 아랍인들, 특히 아랍 무슬림들의 갈등을 말하는 이들 중에는 기독교인들도 있고 유대인들도 있다. 그러나 이러한 시각은 묵은 편견과 오래된 선입견에서 비롯한 것임에 분명하다.

'무슬림은 이스마엘의 후손'이라는 시각에 대해 몇 가지 짚어 보고 자 한다. 요르단 남부에는 3천 년 이전부터 에돔 족속이 살고 있었다. 지금 이 지역에 살고 있는 요르단 유목민들의 족보를 정밀하게 검토할 수 없지만 스스로 에돔 족속이라고 일컫는 이들이 있는 것도 사실이 다. 그런데 이들 에돔 족속의 조상은 다름 아닌 이삭이다. 이삭의 후손 이 곧장 유대인, 이스라엘만은 아니라는 것이다. 에서의 후손 중에 이 스라엘을 출애굽 초기부터 괴롭혔던 아말렉이 존재한다. 이처럼 이삭 의 후손 모두가 이른바 이스라엘인 것은 아니다. 이삭의 후예를 이스 라엘이라 말할 수 없는 이유는 또 있다. 야곱의 자녀라는 의미의 이스 라엘 자손은 출애굽 직전까지만 해도 혈통적으로 이스라엘 자손이었 다. 그러나 출애굽 당시 "중다한 잡족과 양과 소와 심히 많은 생축"(출 12:38)이 이스라엘 자손과 같이 동행했다. 이후 이스라엘 자손은 혈통 주의로서 이스라엘 자손이 아닌 신앙공동체로서 새로운 이스라엘이 되 었다. 출애굽은 운명론적인 혈통주의로부터 나오는 관문인 것이다. 그 런 의미에서 이삭의 후손을 일컬어 혈통주의 시각에서 이스라엘이라고 부르는 것은 무리가 있다. 그렇게 치자면 오늘날 요르단 토박이들의 일부도 이삭의 후손임에 분명하고 결국 이스라엘이라고 불려야 할 것 이다.

이스마엘의 후손은 어떤가? 성경에는 이스마엘의 후손이 아브라함 시대에 하윌라에서부터 앗수르로 통하는 애굽 앞 술(수르)까지 넓게 퍼 져 살았다. 물론 이들이 오늘날 이집트 일부와 요르단과 시리아 레바 논 일부, 이라크, 사우디아라비아 반도에 걸쳐 살아오던 토착민 중 일 부 종족의 조상임에 분명하다. 에서의 후손과 더불어 이스마엘의 후손도 중동 곳곳에 흩어졌다. 이뿐만 아니다. 가나안 땅에 정착했던 이스라엘 열두 지파도 흩어졌다. 특히 열두 지파 중 요르단 북부에 땅을 분배받은 르우벤 지파, 갓 지파, 므낫세 지파 절반 등도 요르단을 중심으로 인근 지역으로 흩어졌을 것이다. 종족이 특정한 공간에 갇혀 지내지 않았기 때문이다. 여러 면에서 우리가 쉽게 떠올리는 아랍인들 모두가 이스마엘의 후손도 아니고 이삭의 후손이 가나안 땅에만 갇혀 산 것도 아니라는 점은 분명하다. 다수의 아랍인들은 셈계 혈통을 유지하고 있다. 특별히 다수의 이라크인들은 셈의 후손이다. 그런데다가 오늘날 중동 지역은 기원후 50년경에 화려한 기독교 문명의 꽃이 피어오르기 시작했다. 혈통을 넘어서서 허다한 민족이 그리스도에게로 돌아왔다. 이후 이슬람이 유입되기 시작한 630년 이후에도 교회는 존속하고, 지금까지 이 지역 주민의 10퍼센트에 가까운 기독교인들이 존재하고 있다. 그렇다면 오늘날 아랍 이슬람 세계 속에 살고 있는 이들은 누구의 자손으로 부를 것인가? 이들은 이삭의 자손인가 아니면 이스마엘의 자손? 아니면 주워 온 자식들인가?

성경의 이스라엘과 지금의 이스라엘

구약시대는 물론이고, 예수님 당시와 사도 바울의 선교 시대에도 이른바 '유대인' 집단이 있었다. 이들 유대인 집단은 혈통주의, 유대 선민주의에 집착한 일단의 무리였다. 이미 출애굽을 이뤄내신 하나님께서 핏줄로 이스라엘 되는 것이 아니라 하나님 안에서 새로운 이스라엘 자손이라 말씀하셨음에도 불구하고 유대인 외에 선한 것이 없다는 식의 선민주의자들이 바로 이들 유대인들이었다. 그러나 혈통주의는 성경에서 받아들이지 않고 있다. 우리의 구원이 혈통으로나 육정으로, 사람의 뜻으로 이뤄지는 것이 아니다. 오히려 혈통을 넘어서서 누구든지 예수 그리스도를 믿으면 하나님의 자녀가 되는 것이다(요 1:12, 13). 한 번 이스마엘의 후손으로 무슬림이면 영원한 무슬림이고, 한번 이삭의 자손이면 영원한 약속의 씨라고 말할 수 있는 성경적인 근거가 없다. 이삭의 후손과 이스마엘 후손의 갈등이라는 이야기 구도가 깔끔하기는 하지만 그 안에 종교적 편견과 역사에 대한 오해가 뒤엉킨 것은 아닌 지 짚어 볼 일이다.

성경에 나오는 이스라엘과 지금의 이스라엘, 즉 '그들이 그들'은 아 니다. 이름이 동일하다고 같은 개념이나 실체를 담는 것은 아니다. 동 음이의어인 경우도 많다. 동상이몽도 가능하다. 그 중 대표적인 경우 가 이스라엘이다. 이스라엘, 야곱의 후손의 혈연공동체로 생각한다. 아브라함과 이삭과 야곱을 공동 조상으로 가진 핏줄 집단, 그러나 그 것은 성경적인 시각이 아니라 우리의 오래된 편견일 뿐이다. 이스라엘 공동체가 혈연공동체였다는 오해를 풀어야 한다. 출애굽을 단순히 혈 통적 이스라엘의 애굽 탈출로 생각하는 이들이 적지 않다. 출애굽 때 부터 이스라엘 공동체는 혈연공동체가 아니었다. 출애굽은 이스라엘 개념의 확대 재생산이고 재탄생이었다. 이스라엘 공동체는 출발 시점 부터 혈연공동체가 아닌 신앙공동체였다. 그것은 이미 출애굽 당시 하 나님의 출애굽 지시를 따라 함께 나온 다양한 종족의 참여로 구체화된 것이다. 출애굽 당시 이스라엘 백성 외에도 하나님을 믿는 민족이나 사람들이 있었다. 다만 우리가 주목하지 않았을 뿐이다.

"이스라엘 자손이 라암셋에서 발행하여 숙곳에 이르니 유아 외에 보 행하는 장정이 육십만 가량이요, 중다한 잡족과 양과 소와 심히 많은 생축이 그들과 함께하였으며"(출 12:37, 38).

어떤 이들은 이들 잡족이 나중에 이스라엘 공동체의 분위기를 흩뜨리고 위기를 초래하였다고 주장한다.

"이스라엘 중에 섞여 사는 무리가 탐욕을 품으매 이스라엘 자손도 다시 울며 가로되 누가 우리에게 고기를 주어 먹게 할꼬? 우리가 애굽에 있을 때에는 값없이 생선과 외와 수박과 부추와 파와 마늘들을 먹은 것이 생각나거늘 이제는 우리 정력이 쇠약하되 이 만나 외에는 보이는 것이 아무것도 없도다 하니"(민 11:4-6).

"그래서 신앙공동체는 섞이면 안 된다, 믿지 않는 자와 멍에를 같이 메지 말아야 한다"라는 논리를 전개해 간다. 그러나 이스라엘은 혈연 공동체가 아니었다는 사실을 묵과해서는 안 된다. 마치 예루살렘 교회 공동체가 헬라파와 히브리파 기독교인들 간의 갈등을 경험한 것처럼 갈등의 발생은 자연스러운 것일 뿐 그것 때문에 신앙공동체의 다양성을 부정할 수는 없다. 사실 이스라엘 신앙공동체는 갈수록 혈통적 선민주의가 스며들면서 유대인이라도 같은 유대인이 아니라는 그릇된 종교적 우월주의가 득세를 하기도 했다. 그래서 왕조시대를 맞이하면서 이스라엘 내에서는 누가 참 이스라엘인가 논쟁이 불붙었다. 종교적 열심으로 한판 겨루기도 진행되면서 남쪽 유다는 예루살렘 성전, 북쪽 이스라엘은 벧엘과 단의 종교적 성지(왕상 12:28, 29)를 두고 원조 논쟁도 벌였다.

민족을 넘어서서 혈통으로, 육정으로, 사람의 뜻으로 난 이스라엘이 아닌 하나님의 뜻과 선택으로 탄생한 이스라엘이라는 개념을 왜곡했다. 그 혈통주의 유대 선민주의는 예수님 당시에도 물론 존재했다. 예루살렘 사람이 진짜 성골 선민이었고 갈릴리도, 데가볼리인도, 사마리아인도 잡것에 불과했다. 이들은 스스로 종교적 의인으로, 유대인으로 불렀다. 유다 지파 사람이라는 핏줄 개념도 함유되었다. 바울 당시에도 이들 유대인들—넓은 의미의 가나안 땅에 살던 이들을 일컫는 것이 아닌—이 바울을 잡기 위하여 따라다녔다. 성경적 이스라엘은 최소한 출애굽 이후부터 핏줄이나 어떤 종교적인 제도에 의해 결정되는 것이 아니다.

구약의 하나님과 혈통주의를 기반으로 하는 지금의 유대인들의 하나님은 다르다. 같은 개념을 말하지만 그 중심이 다르다. 혈통주의를 인정하지 않는 하나님을 혈통주의에 바탕을 둔 하나님으로 주장한다면 그것은 동음이의어일 뿐이다. 유대교에서 기독교가 나왔다고 하는 주장도 이런 면에서 근거가 없다. 전통적으로 그렇게 생각할 뿐이다. 그것은 처음부터 달랐다. 같은 하나님을 두고 다른 생각을 품은 이들이 성경 속에, 역사 속에 뒤엉켜 있는 것이다.

구원이 하나님의 은혜로 말미암아 시작되고, 믿음으로 이뤄진다는 새로운 의미의 선민주의는 신약에서 비롯한 것이 아니다. 그것은 창세기부터 요한계시록까지 이어지는 하나님의 말씀이다. 그것을 받아들인 이들이 선지자들 속에, 왕들 속에, 그리고 이름 없는 평범한 하나님의 백성 속에 이어져 왔다. 그들이 예수님의 오병이어 기적 현장에 모여들었다. 데가볼리에서, 갈릴리에서, 유다와 사마리아에서……. 혈통주의 신앙으로는 죽었다가 다시 깨어나도 참된 하나님의 자녀가 될 수 없는 것이다.

마치 기독교의 모태였기에, 이스라엘의 하나님을 우리가 믿게 되었기에 지금의 이스라엘에, 유대 문화에 빚을 졌다는 생각은 착각일 뿐이다. 지금의 이스라엘은 하나님을 믿는 자들과는 별개의 존재이고, 출애굽 이전 혈통주의 전통을 가져온 하나님을 대적하는 무리일 뿐이다. 하나님의 백성, 이스라엘은 혈통이나 육정으로나 사람의 뜻으로 태어나지도 않고 만들어지지도 않는다. 하나님의 은혜로 선택받고 그것을 믿음으로 결단하고 하나님을 받아들이는 자만이 바로 하나님의 자녀이고 이스라엘인 것이다.

이런 면에서 한국 교회가 이스라엘 국가에 대하여 빚을 지고 있다는 미안함에서 벗어나야 할 것이다. 아울러 아랍에 대한 종교적 편견에서 자유로워야 한다. 근거 없는 반아랍 감정과 이유 없는 친이스라엘 정서로부터 거리를 두게 된다면 중동을 객관화할 수 있다. 편견이나 선입견 중 종교 편견이 가장 해악을 끼치고 있다. 예수 그리스도의 십자가 고난은 모든 이들을 위하여 치러진 것임을 기억하자.

무슬림 **전도하기**

한국의 이슬람권 선교현장 안팎에는 신화(Myth)와도 같은 오래된 편견이 존재한다. 시대도 변하고 사람도 변하는데, 무슬림에 대한 편견과 이슬람권 선교를 둘러싼 신화의 장벽은 갈수록 두터워지기만 한다. 변화하는 중동을 품고 섬기기 원하는가? 그렇다면 현재의 상황을 올바로 직시하고 반응하는 것이 올바른 선교의 첫걸음일 것이다. 이제껏 내려오던 묵은 관행을 벗어던지고 변화하는 중동에 걸맞는 전략적 배치와 앞서 나가는 선교사역이 절실히 요구되는 시점이다.

선교지 단상

    선교현장에서 겪고 맛본 짧은 이야기들을 모아 보았다. 조금은 더 개인적인 느낌이나 감정 표현도 있고, 다른 동료 사역자들과의 관계에서 겪은 아픈 추억도 담았다. 아직도 결론이 나지 않은 선교현장을 둘러싼 논쟁거리들도 있다. 선교사가 특별한 존재가 아니라 우리 곁에 또 다른 이웃으로 다가왔으면 하는 바람이다.

나, 무슬림 선교사 맞아요!

무슬림 선교사와 기독교 선교사, 그 사이에서 '나, 선교사 맞나' 하는 엉뚱한 정체성의 위기감을 느끼곤 한다.

    "아니 김 선교사님, 그렇게 이슬람에 대하여 긍정적으로 말씀하시면 어떻게 합니까?"

    "그래도 그것이 사실 아닌가요? 종교 이슬람에 대하여 긍정하는 것이 아니라 이슬람 세계의 무슬림들에게도 선한 것, 좋은 것이 있다는 것이 사실 아닌가요?”

이런 논쟁 아닌 논쟁을 할 때가 있었다. 그럴 때면 “당신, 혹시 무슬림 선교사 아니냐”라는 의혹의 눈총을 받기도 했다. 기독교 목사이고 선교사인 내게 동료 선교사가 그 정체성을 완전히 뭉개는 발언을 한다? 그럴 정도로 선교현장에서는 선교를 둘러싼 많은 의견 차이가 존재한다. 대결 논리, 우월 논쟁이 그 바탕에 깔려 있는 것이다. 기독교 복음이 좋으니 기독교라고 이름 붙인 것이면 모두 선하고, 이슬람은 거짓 종교이니까 이슬람이라 이름 붙인 모든 것은 악하다는 흑백논리에 철저한 모습이 섬뜩하게 다가올 때가 많다.

미국 부시 행정부의 대 중동 외교정책을 반대하면 친이슬람이고, 이스라엘의 일방주의를 비판하면 반기독교로 몰아붙인다. 비판의 중심을 이해하려고 하기보다는 자신에게 익숙한 선호도로 자기와 함께하지 않는 자는 모두 적으로 간주한다. 우리는 왜 상대방을 매도하거나 무시하는 데 익숙한 걸까? 아닌 것은 아니라고 말할 수 있고, 사실인 것은 사실로 받아들일 수 있는 용기가 선교현장에서 필요하다.

“그래 나 무슬림 선교사 맞다”라고 커밍아웃을 할 수도 없는 노릇이다. 예수 그리스도가 무슬림에게도 필요하다는 것을 전하고 있기 때문이다. 무슬림도 예수 그리스도의 사랑과 십자가 구속의 은혜에서 제외될 수 없다는 생각을 가지고, 무슬림의 삶도 하나님의 주권 아래 있음을 인정하는 사람을 일컬어 무슬림 선교사로 부른다면, 그래 나는 무슬림 선교사 맞다!

공항사역이 싫다

내가 요르단으로 오게 된 동기는 엉뚱하다. 이렇게도 하나님이 인도하실 수 있다고 믿는다. 공항사역이 싫어서 피해 온 것이다.

"여기 공항입니다. A선교사님, 저는 어느 노회의 D아무개입니다. 제가 이곳에 머무는 동안 도움 좀 주실 수 있을는지요?"

갑작스런 전화를 받고 A선교사는 당황스러웠다. 자신의 사역이 진행중인데 시간을 내어 자신의 사역지를 찾은 D목사 일행을 도울 여력이 없었다. 그래서 힘들게 "D목사님, 제가 하는 사역이 있어서 도울 수가 없겠습니다. 여행사를 소개해 드려야 할 것 같습니다."

그러자 서울에는 E국에 주재하고 있는 A선교사가 버릇없다는 소문이 나 버렸다. 이런 것을 두고 공항사역이라고 한다. 주재국을 방문하는 분들의 수발을 들어 주는 비본질적인 일들을 하게 되면 '선교지에 왜 와 있나' 하는 고민이 그 시절에 있었다. 그래서 한국인들이 많이 없고 잘 찾지 않는 지역으로 왔다. 그곳이 요르단이었다. 그런데 이후 요르단을 찾는 방문자들은 계속 늘어갔다. 한인 사역자들도 요르단에 정착한 그때에 비하면 6~7배가 늘었다.

사실 공항사역도 하기 나름이다. 잘 만하면 후원줄도 잡을 수 있다. 노골적으로 그렇게 말하는 방문자도 있다. 수년 전에 요르단 암만에 나름대로 한국 교계에 잘 알려진 I목사님과 J교회 성도가 방문했다. 암만에서 열린 큰 행사의 주강사로 오시면서 교인들 일부가 I목사님을 도울 겸 동행한 것이다. 그 일행 중 한 집사님이 말했다.

"김 선교사님, 이번에 잘하시면 좋은 일이 있을 거예요. K국의 아무개 선교사님도 그때 안내를 잘해서 지금 교회의 후원을 받고 있지요." 처음에는 "그래서 어쨌다고?"라는 생각과 함께 기분이 나빴다.

대회 진행위원의 한 사람으로서 주강사의 낮 시간 요르단 안내를 맡아야 했다. 그러나 며칠 뒤에 곤혹스런 시간이 찾아왔다. 선교사역비 모금도 제대로 되지 않는 나로서는 큰 교회의 후원을 받을 수 있다면 나쁠 것이 없었다. 어떻게든 I목사님에게 줄을 대고 싶어 하는 사역자들도 많은데 이것은 하나님이 주신 기회라고 생각할 법도 했다. 나는 독대할 수 있는 기회를 나흘씩이나 가지고 있지 않은가! 그러나 고민 끝에 내린 결론은 하나였다.

"I목사님께 잘 보여서 후원을 받는 것이 무슨 의미가 있는가?"

선교사역은 같은 코드로 만날 때 자유로운 것이지, 특정인의 눈에 들어서 하는 사역이 자유로운 것일 수는 없다는 판단 때문이었다. 그 자리에서 후원을 요청하지 않은 것이 속이 시원했다. 나중에 넝쿨째 굴러 들어온 복을 걷어찬 것에 아쉬움도 남았지만…….

고생하고 있습니까

"아니 선교하라고, 고생하라고 보냈는데 잘 먹고 잘살고 있던데요."

이집트를 찾은 G목사 일행을 집에서 숙소를 제공하고 정성껏 대접한 H선교사 가정에 대한 한국의 평가였다. 잘 먹고 잘사는데 선교비 타령을 한다는 식의 부록도 나돌았다. 사실 H선교사가 머물고 있는 아파트는 이집트에 유학하고 있는 한국인 유학생도 머물고 있는 아파트였다. 그리 호화로울 것도 없는 소박한 공간이었다. 그것을 두고 호화롭게 산다는 입소문이 나 버렸다. 이후 이집트 선교사들 사이에는 긴장감이 흘렀다. 낯선 선교사나 목회자를 도무지 집에 초대하지 않는 것이다. 돈이 들고 비용이 들어도 다른 한국 식당이나 음식점에서 대접해야 했다. 굳이 구설수에 오르고 싶지 않기 때문이다.

우리 가족이 집을 옮겼다. 큰 아이가 다니는 유치원에서 가깝고 아내가 사역하던 미국 문화원에서 훨씬 가까운 동네로 이사를 한 것이다. 집이라고 해야 살림살이는 엉망이었다. 유학하고 떠난 선배의 살림살이나 요르단에 머물다 떠난 선교사들로부터 구입하거나 얻은 것들, 그리고 일부 가전제품을 새로 구입한 것이 전부였다. 그렇지만 말이 돌았다. 아무개네가 어느 동네로 이사를 갔다는 것이다. 그 동네가 부자들이 몰려 사는 곳도 물론 아니었다. 그런데도 뒤에서 도는 말들은 황당하기까지 했다.

"아무개 선교사님네 요즘 후원금이 넘치는 모양입니다. 그 동네로 이사를 갔잖아요."

그때도 사역비는 모금이 잘 되지 않아 선교본부에서 계속 경고를 받던 처지였고 누적된 재정 적자가 수백만 원에 이르고 있었다. 다른 선교사들에게 여차여차해서 그 지역으로 이사를 간 것이라고 해명 아닌 해명을 해야 했다. 얼마 후에 내가 살던 그 동네에 한인 사역자 두세 가정이 더 들어왔다.

후원금은 넉넉하게 받아도 겉보기에 허름한 집에 사는 사역자는 이런 면에서 호기를 잡는다. 집을 방문한 방문자들은 이렇게 어렵게 사시는구나 싶어 주머니 돈을 내놓고 간다. 선교사의 궁색한 생활도 보여 주고 구설수에도 오르지 않고 후원금도 얻고 손해 볼 것이 없다.

낯선 고향

고국 땅이 오히려 타문화권으로 느껴질 때가 있다. 한국 말로 대화하는 동포의 목소리가 문득 외국 말로 들린다든가, 변해 버린 고국의 생활방식에 적응하지 못해서 사람들의 오해나 웃음을 자아낸 경험도 적지 않다.

　얼마 전 다시 찾은 고국 땅은 너무나 많은 것이 변해 있었다. 간간이 소식을 들어서 대충은 알고 있었지만 '느낌'이 달랐다. 이것은 충격 그 자체였다. 적응하는 데도 적잖은 시간과 고통이 따랐다. 알지 못하는 수많은 말들이 언어 시장을 장악하고 있었다. 신조어의 홍수 속에 떠밀려 가는 나를 발견하곤 했다. 워낙 세계화가 잘(?) 되는 까닭에 변모한 옷차림새는 덜 충격이었다. 다만 그들이 한국인이라는 것이 낯설었다면 이것도 문화 충격! 이제 다시 떠나려고 하자 모든 것이 익숙해진 상황이 못내 아쉽다. 돌아가면 또다시 적응해야 할 새로운 현실이 기다리고 있기 때문이다. 사실 잠시 동안의 고국 방문을 준비하면서 자장면이 가장 그리웠던 나로서는 언제 이 국산 자장면(짜장면이 자장면이 된 이유를 알 길이 없다. 아울러 짬뽕은 왜 잠봉이 아닌지도 모른다)의 맛을 다시 볼 수 있을까 하는 아쉬움이 크다면 목사로서, 선교사로서의 직업의식, 소명의식이 결여된 것일까?

　귀국하면서 눈에 들어왔던 낯선 풍경들이 떠오른다. 머리카락이 천연색으로 단풍놀이를 하고 있었다. 의상은 더욱 짧아졌고 얇아졌다. 이전보다 더 많이 찢어지고 뜯겼다. 귀는 물론이고 코와 배꼽에 이르기까지 곳곳을 뚫은 이들은 더욱 늘어났다. 한때 유행하던 삐삐를 차고 다니는 이들은 박물관에도 없었다. 너나 할 것 없이 목에 줄 하나를 달고 있었다. 핸드폰이었다. 디카폰이라고 하면서 희한한 표정으로 자신의 얼굴을 담는 이들도 쉽게 눈에 띄었다. 증명서를 발급받으려고 동사무소에 가서 15년이 넘은 빛바랜 흑백 주민등록증을 내밀었더니 이상한 사람처럼 취급한다. 수년 전에 발급받은 은행 현금인출카드는 작동하지를 않는다. 은행 창구 직원 왈, "이런 것 어떻게 이제까지 간직하셨어요?" 의미는 물론 어디서 출생했는지 모를 말들이 많다. 중딩

고딩 왕따 짱 인프라 얼짱……, 어느새 낯선 이방인이 되어 버린 것이다. 같은 생김새의 이방인.

그렇다. 어차피 선교사는 이방인일 수밖에 없다. 어디에도 정착할 수 없는 떠돌이 인생……. 어쨌든 선교지에서도 이방인인데 본국에서도 이방인이라면 과연 그 어디에서 주인 될 수 있을까?

왜 이렇게 난감한 일만 생기나

2004년 12월 하순, CBS 저널의 A PD로부터 이메일을 받았다. 인터뷰 요청이었다. 질문은 다음과 같았다.

1. 올해 한국 교회의 선교에 대해 전체적으로 평가해 달라.
   - 올해에는 특히 이슬람 선교가 활발히 이뤄졌는데, 이에 대한 생각은?
2. 지난 4월에는 일곱 명의 목회자들이 이라크에서 납치됐던 사건이 일어났는데…….
   - 당시 사건을 접하면서 어떤 생각이 들었나?
   - "순교할 작정을 했다"라는 목회자들의 주장에 대해 어떻게 생각하나?
   - 일부에서는 이런 방식이 현지 선교사들에게 피해를 준다고 주장하는데?
3. 지난 6월에는 고 김선일 씨가 이라크 무장단체에게 살해당하는 사건이 일어났는데…….
   - 당시 고 김선일 씨의 모습을 화면에서 보면서 어떤 생각이 들었나?

●고 김선일 씨의 죽음을 놓고 벌어진 '순교자' 논란에 대한 생각
은?

●평신도에게 일자리를 알선해 주고 이슬람 지역으로 보내는 일부
교회의 선교방식에 대해선 어떻게 생각하나?

4. 지난 8월에는 팔레스타인 지역에서 '예루살렘 평화 행진'이 있었는
데…….

● '예루살렘 평화 행진'과 같은 방식의 선교 프로그램에 대한 생각
은?

● '평화 행진'이 현지에서 예상외로 많은 지지를 받았다는데,'실제
로 어땠나?

5. 요즘 '이라크 파병 연장' 문제가 국회의 뜨거운 감자가 되고 있는
데…….

●선교사로서 '이라크 파병'에 대해서 어떤 입장을 갖고 있나?

●많은 교단이 '이라크 파병'을 공식적으로 지지하는 분위기에 대
해 어떻게 생각하나?

●파병을 통해서 이라크에 복음을 전할 수 있다는 주장에 대해 어
떻게 생각하나?

6. 한국 교회 선교방식의 가장 큰 문제점을 지적한다면?

●한국 교회 선교가 맹목적, 공격적으로 이뤄지고 있는 이유는?

7. 내년에는 한국 교회의 선교방식이 어떻게 변화하길 기대하나?

　인터뷰를 하다가 올해의 뜨거운 감자만 골랐다고 푸념(?)을 하기도
했다. 노골적인 이야기를 하기보다 에둘러 원론적인 이야기를 하고 있
는 나 자신이 안타깝기도 했다. 왜일까? 여러 가지 감정이 교차했기
때문이다. 지난해 여름까지 나는 거의 매주 두 페이지에 이르는 중동

관련 기사와 이라크 관련 소식들을 〈한겨레21〉에 실어 왔다. 그러나 여름이 지나면서 기사를 쓰지 않았다. 중동에서 벌어지는 일들을 있는 그대로 소개하고 기독교인들이 그 기사를 접하면서 바른 판단과 전망으로 이 땅을 섬겨 주기를 바라는 마음으로 기사를 써 왔는데, 안타깝게도 뉴스거리가 되어 버린 것이 한국 교회였고 기독교인들이었기 때문이다. 뉴스 현장에서 만난 실망스럽고 안타까운 이야기들을 언론에 알리는 것이 목사이고 선교사인 나로서는 쉽게 판단하기 어려운 문제들이었다. 심지어는 김선일 형제의 피랍 시점이 5월 31일이었다는 것을 언론 사상 최초로 확인하고도 이것을 뉴스로 담지 못했다. 2002년 12월 초 오무전기 사건에 이어, 4월의 목회자 납치 사건, 6월의 김선일 형제 피살, 8월의 예루살렘 대행진, 10월 말의 한국인 목회자 이라크 잠입(?) 사건 등, 굵직한 사건의 중심에는 매번 기독교인이 자리하고 있었다. 그들은 목회자였고 선교사였고 집사였고 장로였다. 그리고 대형교회도 연루되어 있었고, 큰 선교단체도 관련되어 있었다. 그 고통스러웠던 추억이 떠올라서인지 짧은 20분의 인터뷰는 곤혹스럽기 그지없었다.

정말 많은 일들이 요르단과 그 주변 지역에서 일어났다. 20년이 넘는 한국 교회의 중동 선교 사상, 이렇게 많은 일들이 터져 나온 경우가 없을 것 같다. 덕분에 영국의 BBC는 물론이고 〈뉴욕타임스〉에서도 한국인의 선교에 관한 기획기사가 나올 정도였다. 그러면 그만큼 한국 교회의 선교는 발전한 것일까? 이에 대한 판단은 자신의 신앙 색깔과도 연결이 될 것이다. 나는 하나님이 우리의 실수에도 불구하시고 그것을 선한 것으로 바꾸실 것을 기대한다. 그렇다고 하나님이 이런 일련의 움직임들을 주도하셨거나 지지하셨다고 말할 수는 없다. 사고는 우리가 친 것이고 수습은 하나님이 하셨다는 것이 내 생각이다.

김선일의 죽음, 순교 논쟁을 바라보면서

김선일 형제가 피살되었다. 한국 언론은 모처럼 뉴스거리를 얻은 듯 그의 사생활을 연예인의 뒷이야기 다루듯 했다. 피랍된 김선일 형제를 살리는 데 별다른 도움도 되지 않은 뉴스가 쏟아져 나왔다. 그러나 그는 죽음을 당했다.

그의 죽음이 또 다른 뉴스를 만들어 냈다. 김선일 신드롬이라는 신조어까지 등장했다. 김선일 형제가 순교했느냐 아니냐는 것이다. 언론을 통해 노출된 김선일 형제 순교 논쟁의 중심에는 온누리교회와 경향교회 석원태 목사가 자리했다. 온누리교회는 〈빛과 소금〉에 김선일 형제 특집을 싣고 온라인상에도 추모 사이트를 만드는 등 여러 경로를 통해 그를 순교자로 인정하고 추억했다.

"하나님 아버지! 사랑하는 아들이 참수를 당할 때 계속 기도하던 모습을 우리는 텔레비전을 통해 보았습니다. 이 아들이 지금 하나님 나라 우편에서 스데반과 더불어 영광스러운 주님과 만나고 있을 줄로 믿습니다."

반면 석원태 목사의 설교나 언행은 김선일 형제의 죽음을 전도하지 않고 죽은 부끄러운 죽음으로 혹평했다.

"사람들이 쓸데없는 동정을 하고 있다. ……이라크에서 선교하는 사람이…… 선교하고 천당 가면 되지, 앞으로 선교하려고? 죽기 전에 한마디 하는 것이 선교다. 그런 시각에서 그분의 기사 나오면 백성 앞에 부끄럽다."

2004년 8월 초, 충남 천안에 있는 천안대학교 교정에서 선교한국이 열렸다. 대회에 강사로 참여하면서 강사 숙소에 머물 때의 일이다. 어느 날 늦은 저녁 일정을 마치고 강사 숙소로 돌아오는데, 로비에 몇몇 선후배 간사들과 선교사들이 대화를 나누고 있었다. 김선일 형제의 죽음이 화두로 오르내리고 있었다. 잠시 자리를 같이하자는 이야기에 손사래를 쳤다. 더 이상 그의 죽음을 말하는 것이 싫었다. 자리에 앉아 이야기를 나누면서 서글픈 마음이 솟아올랐다.

"그는 순교자도 선교사도 아니다. 비굴하게 죽는 모습으로 얼마나 많은 기독교인들이 부끄러움을 느꼈는지 모른다. 앞으로는 후배 선교사들을 선교지로 보낼 때 죽는 연습을 시켜야 할 것 같다."

그 자리에서 이런 이야기도 흘러나왔다.

"김선일 형제가 스데반 같은 아름다운 죽음을 보여 주지 못한 것이 기독교인들이 그의 죽음을 보고 갖게 된 아쉬움이다."

김선일 형제가 선교사냐 아니냐는 정체성 논란은 큰 이슈가 될 것 같지 않다. 생각하기 나름이니까. 선교사로 파송하는 것을 선교사 자격요건의 우선으로 생각한다면 그는 선교사가 아니다. 선교사로 정식 파송한 인물이 아니기 때문이다. 선교적 비전을 가진 기독교인을 모두 선교사라고 생각한다면 그는 선교사이다. 기독교인이라고 해도 직접적으로 복음을 전하지 않았다는 것을 고려한다면 그는 선교사가 아니다. 이라크 선교를 위하여 이라크로 간 것 자체가 선교의 시작이라고 생각한다면 그는 선교사이다. 그러나 이런 논쟁이 무슨 의미가 있겠는가? 그가 죽음 앞에서 마지막으로 보여 준 모습을 평가하고 안타까운 죽음을 마음 아파하기보다 죽음의 모양새를 두고 씹어 대는 장면을 보면서, '도대체 선교가 무엇인가?'라는 회의가 들 정도였다.

"뉴스 자료에는 김선일 형제가 복음을 전하였다는 장면이나 주장들은 다 삭제하고 편집한 것이다. 테이프에는 나오지 않았지만 그는 이라크 선교를 위하여 순교자 자세로 섬긴 인물이다."

김선일 형제를 변명해 주고 싶어 안타까운 마음으로 이야기를 풀어

가는 선배 사역자도 있었다. 순간, 아주 오래 전 1980년대 이른바 열사들의 죽음의 행진이 이어질 때 죽음으로 자신을 내던져야 했던 당사자들의 고통에는 무관심한 채 "자살하면 천국 못 가요" 하면서 냉혈한 같은 신학 논쟁을 하던 사람들이 떠올랐다.

준비되지 않은 죽음, 죽지 않아도 될 상황에서 그 죽음을 맞아들여야 했던 한 젊은이의 고통. 앞으로 펼쳐 가야 할 그의 꿈이 채 실현도 되기 전에 그렇게 이 땅을 떠나야 했던 한 젊은이의 아픔을 같이 아파하는 마음은 무엇일까? 시집 가면서도 울고, 이민을 떠나면서, 심지어는 군대를 가면서도 눈물로 이별한다. 졸업을 하면서도 울고 때론 신병 훈련소를 퇴소하면서도 조교들과 아쉬운 눈물의 이별을 하는 경우도 있다. 눈물과 헤어짐의 아픔은 우리에게 자연스러운 것이다. 그것을 이성으로 판단하면 얼마나 우스꽝스러운가?

김선일 형제의 죽음이 담겨 있는 동영상을 아랍에미레이트 두바이에 있을 때 관련 사이트 접속을 통해 확인했다. 죽음 앞에서 그의 얼굴에는 고요함이 있었다. 목이 베인 그의 얼굴에도 잔잔한 평안이 흐르고 있었다. 스데반의 죽음이 기독교인의 죽음 앞에 서서 보여 줄 모델이라고 강변한다면 십자가상에서 절규 속에 숨을 거두셨던 예수님의 죽음의 모습은 변명의 여지가 있을까? 그것도 바로 부활하실 것을 알면서 "엘리 엘리 라마 사박다니!" 외치면서 죽음을 연출(?)하셔야 했는지 반문은 이어진다.

영웅이 없는 시대에 영웅을 필요로 하는 것은 이해가 된다. 평범한 한 인물의 뜻하지 않은 죽음을 앞에 두고 그를 영웅시하고 순교자로 추모하고, 그의 죽음을 거룩한 것이라면서 치켜세우는 것이 교회가 할 수 있는 좋은 모습은 아니었다. 그의 죽음을 그 이상도 그 이하도 아닌 있는 그대로의 모습으로 맞아들이는 것이 교회의 바른 모습이 아닐까?

그의 피랍 사실을 미리 알고서도 기도만 한 교회가 있다면 그 영조인 무감각함을 돌아보는 자리가 그의 죽음이어야 했다. 사람을 보나 놓고 단지 기도만 할 수 있었다면 그 보낸 이들이 책임의식을 느껴야 할 자리였다. 김선일 형제의 죽음은 교회와 선교단체, 정부와 국민의 무감각이 빚어낸 희생의 측면도 무시할 수 없다. 그를 순교자로 추모하는 이들 중에도, 그의 죽음을 개죽음으로 몰아붙이는 이들 중에도 선교에 대한 오해와 그릇된 선교의식이 엿보인다. 김선일 형제는 분명히 희생자이다. 그가 죽은 이후에도 그의 죽음은 자신의 소견대로 재가공하려는 이들에 의해 죽임을 당했다.

선교는 매수 행위가 아니다

"하나님이 다 뜻이 있으셔서 이번 재난을 이란에, 인도네시아에 주신 것이 아닌가?"

미주 지역 로스앤젤레스의 한 기독교 방송을 듣다가 이런 섬뜩한 주장을 접했다. 사고현장에서 수고하는 선교사의 입에서는 물론이고 방송국의 프로그램 진행자 입에서도 서슴없이 이런 고백이 나왔다. 그들의 공통된 결론(?)에 따르면 이슬람 세계 무슬림들의 마음을 주께로 돌리기 위하여, 그 마음을 곤고케 함으로 비우고자 하나님께서 이런 재난을 허용하신 것이라고 말한다.

이라크 전쟁을 두둔하는 이들도 동일한 고백을 한다. 걸프전이 터졌을 때도 그랬고, 이번 이라크 전쟁을 두고도 전쟁 지지론이 기독교 내에 팽배했다. 하나님께서 그 강퍅한 영혼들을 구원하시기 위하여 부시 같은 신앙인을 통해 이번 전쟁을 활용하신다고. 최근 국제정세가 이라크에 이어 이란에도 복음을 전할 수 있는 호기를 만들었다고 생각한다. 전쟁에 대해서는 형식적으로 반대하지만 중동 지역의 선교 금지의 문이 워낙 견고한 상황이어서 어려웠던 선교 활동을 극단적인 방법으로 하나님이 여신 것이라고 주장한다.

수천 수만 명이 목숨을 잃고 집을 잃고 사랑의 추억을 잃어 버려도 한 사람의 회심자만 얻을 수 있다면 그것으로 정당화할 수 있는가? 무고한 전쟁임에 분명하고, 근거 없는 일방적인 때리기로 시작한 전쟁인 것도 분명한데……. 그 한 사람의 개종자를 얻는 것이 소중하다고 해서 수많은 목숨이 예수 그리스도를 알 기회도 박탈당하고 죽어야 하는 전쟁을 정당하게 바라보는 이들은 과연 어떤 심장을 가진 자들일까? 그런 식의 냉혈한 같은 관전평이 사라진다면 선교는 더욱 선교다워질 것 같다. 지금 또 다른 전쟁이 카운트다운되고 있고, 이미 시작한 전쟁은 끝나지 않았다.

"예수가 평화라면 어떻게 이런 전쟁을?"

"우리가 무슬림이라고 하나님이 이렇게 저주를 내린다면 그 하나님을 내가 어떻게 믿는단 말인가!"

아랍 무슬림들의 절규가 그 심령 안팎에서 메아리친다. 그런 이야기를 들을 때마다 "전쟁 불사, 하나님의 영광을 위해! 선교를 위하여!"라고 외치는 이들을 떠올리면서 몸서리가 쳐진다.

하나님께서 선교를 위하여 재난을 조장하시는 것일까? 참고 기다리시며 문을 두드리시는 하나님의 모습과 전쟁 불사를 외치는 기독교인들의 성전 주장은 평행선을 달리고 있다. 선교는 누구를 위한 것일까?

"즐거워하는 자들로 함께 즐거워하고 우는 자들로 함께 울라……"(롬 12:15).

그 고통당한 자를 돌보는 것을 저의를 가지고 행한다면 상대방에게 진심으로 전달할 수 있을까? 진심은 통한다. 그 진심으로 승부할 수

없는 조급한 마음이 물질과 이벤트, 프로젝트로 상대방을 매수하려고
한다. 선교는 매수 행위가 아니다. 선교는 나의 삶으로 상대방을 얻는
것이다.

이슬람권 선교 허상 깨기

보완(?)되어야 할 선교보안법

"거기, 사진 찍지 마세요. 보안상 곤란합니다. 제 이름도 실명으로 넣지 마세요."

선교보고대회나 여러 형태의 선교모임에서 심심찮게 볼 수 있는 풍경이다. 그래서 일부 지역 사역자들은 이름도 가명이고 거주지도 미확인으로 나타난다. 이게 다 선교현장의 안전을 염려한 조치이다?

"안녕하세요, 선교사님. 저 아무개입니다. 참, 전화로 선교사라는 말을 해 버렸네요. 어쩌죠?!"

암만으로 걸려 온 전화였다.

"선교사나 목사라는 호칭을 쓰지 말고 교회나 복음, 예수님이나 하나님이라는 단어를 쓰면 안 되지요?"

많은 이들이 던지는 질문이다. 이메일로도 누구는 '사장님', 누구는

'부장님', 누구는 '선생님', 누구는 '기자님', 누구는 '목사님', 누구는 '선교사님'으로 말을 시작한 암호문 가득한 편지를 종종 받는다. 편지 글 안에 ㄱㅎ, ㅅㄱ 등의 용어가 눈에 띈다. J, E, Y, X국에 이르기까지 다양한 이니셜이 기도편지에 가득하다.

오래 전인 1988년 8월 4일, 한 시민이 MBC 방송국 9시 뉴스 데스크 스튜디오에 들어가 "내 귀에 도청장치가 들어 있다"라며 소란을 일으킨 일이 있었다. 선교현장에서도 자신이 머물고 있는 나라의 정보부나 종교경찰이 24시간 따라붙어서 감시하고 있다고 주장하는 이들이 있다. 전화 감청은 물론이고 이메일과 편지, 개인 활동조차도 수시로 보고되고 있다고 말한다. 어떤 경우는 자신의 이메일 내용이 아랍어로 번역되어 정보부 서류철에 쌓이고 있다고도 말한다.

"아니 왜 저보고 선교사라고 부르십니까? 남들이 들으면 어쩌라고요!"

선교지에 온 지 얼마 안 된 선교사의 말이다. 선교보안에 얽힌 다양한 장면들이다. 덕분에 선교현장은 마치 첩보전에 버금가는 삶이 이어지는 것으로 후원자들이 오해하기도 한다.

그런데 선교보안을 두고 짚어 보아야 할 것이 있다. 선교보안은 무엇을 위한 것인가? 선교보안이 어느 선에서 가능한가? 왜 선교보안이 필요하다고 말하는 것인가?

선교보안을 강조하는 선교사나 선교단체는 자신(단체)이 속한 선교현장이 닫힌 지역이고 선교사역이 비밀스럽게 이뤄져야 하며, 자신이 선교사라는 것이 알려지면 안 되고, 이슬람권에서 정보 수집을 하고 있는데 정보가 유출되면 위험할 수 있으며, 이슬람권에서 온 간첩들이 선교사들에 대한 정보를 수집하여 공급하고 있다는 등의 논리적인 근거를 댄다.

"중동 E국의 Y선교사는 월 5천 불의 보수를 받는 현지 정부가 운영하는 회사에 의도적으로 취업했다."

"이집트에 입국했습니다. 저는 주사역지인 J국에 가능한 빨리 들어가고자 합니다."

"사막의 나라 E국에서 김○○ 선교사 드림."

"중동 E국의 누비안 종족이 복음화되고 이들을 통해서 주변 중동국가들이 복음화되도록 기도해 주세요."

해당 국가에 조금만 관심이 있다면 이들 이니셜로 표기한 곳이 어느 나라인지, 어느 도시인지 아는 것은 어렵지 않다. 뻔한 것인데도 이니셜로 사용하는 이유는, 정보가 드러나도 내가 E국이라고 했지 이집트라고 한 적이 없다고 주장하면 된다는 식이다. 보안을 강조하는 일부 선교사들은 김 모세, 김○○ 등과 같이 성을 밝히고 이름을 익명이나 가명으로 하거나 아예 이름과 성을 바꿔 버리는 등 여러 형태로 자신의 이름을 감추려고 한다. 그러면서도 현지에 살고 있는 한국 무슬림들이나 비기독교인들이 선교사들에 대한 정보를 수집하여 해당 정부의 정보기관에 넘겨 주고 있다고 주장한다. 이들의 주장이 사실이라면 이미 자신들의 정보가 정보부에 넘겨지고 선교사라는 이유만으로도 추방을 당했어야 한다. 그러나 아직도 선교지에 아무 일 없이 머물고 있다.

30~50대의 외국인이 가족과 함께 언어를 배운다며 별다른 직업도 없이 중산층 생활을 한다. 그런데 그 재정 수입원이 불분명하다면 의심받을 만하지 않은가? 뚜렷한 체류 명분도 없이 여러 해 동안 관광비자로 출국과 입국을 하고 있다면 수상하게 보이지 않는가? 그렇다. 이상하게 보일 수밖에 없는 사람들이 아랍 이슬람권의 장기사역자들이다. 유적지가 넘쳐나는 한 아랍 국가에 10년 가까이 관광비자로 체류하는 사역자 가정이나 그 인근 나라에서 벌써 10여 년 가까이 일시 거

한국의 한 이라크 긴급 지원 사역팀이 바그다드의 사드르 지역 지도자들과
전통 음식을 나누고 있다.(이라크 바그다드)

주비자로 체류 연장을 이어 가는 사역자 가정이 있다. 기도편지에서
아시아의 X국이나 J, E, S 등으로 표기한다고 해도 기도편지를 한번
살펴만 봐도 그 나라가 어디인지, 어느 도시에 머물고 있는지 파악하
는 것은 전혀 어렵지 않다. 손바닥으로 하늘을 가리는 일인 것이다. 아
니 인터넷만 잠시 검색하여도, 특정 선교단체 한두 번만 방문해도 훤
히 다 들어날 것을 그렇게 힘들게 애써서 지켜야 할 이유는 없다.

같은 나라에서 사역하는 사역자 중에 한 선교사는 해당 국가 이름을 드러내는데 다른 선교사는 이니셜로 표기한다. 심지어 같은 단체에서 파송해 같은 지역에서 사역하는 이들 중에도 이런 경우는 종종 볼 수 있다. 왜 이렇게 제각각의 보안 수준과 방법을 가지고 있는 것일까? 선교사는 그렇다손 치더라도 후원자들은 곤혹스럽기만 하다. 그러다 보니 편지 하나 마음 놓고 쓰지 못한다고 안타까움을 호소한다.

보안의 목적은 피할 것은 피하고 알릴 것은 알리기 위한 기본적인 조치라고 생각한다. 그러나 그 기준이 없다는 것이 문제이다. 무엇이 보안이고, 보안이 정말 필요한 것인지, 얼마만큼 보안을 유지할 수 있는지 등에 대한 냉정하고 사실적인 판단이나 지침이 절실히 필요하다. 변화하는 중동에 걸맞는 전략 사역을 위하여 구시대적인 형태의 검증되지 않은 선교보안 규정들은 재검토해야 한다. 이 과정에서 선교지에 대한 냉정하고 객관적인 평가와 판단이 이뤄져야 할 것이다. 닫혀 있는 것은 선교지나 선교지 영혼들이 아니라 사역자 자신일 경우도 많기 때문이다. 지나친 선교보안에 대한 강박관념은 정작 감출 것을 드러내고 빛 가운데 서야 할 것을 감추는 역효과도 있다.

나는 선교보안법(?)의 완전폐지를 주장하는 것이 아니라 개정이 필요하다고 생각한다. 선교후원자와 동역자들의 알 권리를 충족시켜 주고, 선교현장의 보호받아야 할 이들에 대한 바른 의미의 보호를 위하여 올바른 의미의 선교보안은 필수적이다.

이런 제안을 하고 싶다. 각 분야의 보안 관련 전문가들과 더불어 선교보안 포럼이나 선교보안 정책 컨설팅을 하는 것이다. 선교보안에 관련한 수많은 이슈들을 객관화해 참다운 의미의 보안을 위한 메뉴얼이나 지침서를 마련하는 일은 시급하다. 개인과 지역에 따른 보안의 수준에 대한 '가이드라인'이 만들어지면 지금과 같은 무차별적 보안 논의와 부담에서 자유로워질 것이다.

이메일 보안의 현실과 한계라든지 통신보안과 관련한 정확한 상황 파악과 이해도 필요하다. 과연 해당 국가에서 한국 말로 한메일 등의 메일 서버를 통해 주고받는 이메일을 일일이 다 점검할 수 있고, 문장 안에 들어 있는 선교나 교회 같은 단어가 들어 있는 이메일들을 한꺼번에 저장하여 분석할 수 있는지, 기술적인 면과 실효성 차원에서 이니셜로 표기한 문서들이 검색 과정에서 과연 노출이 안 될 수 있는 것인지, 선교지의 해당 정부에서 선교사를 색출하기 위해 어떤 부서의 활동들이 실제적으로 어떤 수준까지 힘을 발휘하고 있는지, 선교보안과 관련한 내실 있는 포럼이나 비공개 연구와 토론 등의 모임이 아직 이루어지지 않는 것이 아쉽기만 하다.

이슬람권 선교는 007 작전을 방불케 한다는데

이슬람 선교활동은 '007작전' 처럼 엄청난 주의력과 조심성이 필요하다고 생각했다. 처음 이집트에 발을 내디딘 1990년 겨울, 내가 소속된 단체의 월례 모임에 참석하였다. 그런데 모임 중 기타 반주에 맞추어 밖에서도 다 들릴 만한 큰 목소리로 찬양을 하는 것이었다. '아니, 이슬람 국가에서 이렇게 큰 소리로 찬양하고, 그것도 영어로 찬양해도 되나? 보안을 지켜야 하는데 이러면 위험한 거 아닌가' 내심 걱정했다. 이런 상황은 다른 곳에서도 마찬가지였다. 남이 들을까 속삭이듯 찬양하는 모습은 볼 수가 없었다.

요즘도 외국인 선교사들과 대화를 나누다가 동료 선교사들 입에서 스스럼없이 미션(Mission)이라는 단어가 튀어나오는 것을 경험한다. 한국인 사역자들이 굳이 에둘러 크리스천 워크(Christian Work)로 말하는 것과는 사뭇 달랐다. 그러면서도 이들 외국인 사역자들도 보안 메일을 사용한다. 지킬 것은 지키지만 그렇지 않은 면에서는 한국인 선교사들보다 상대적으로 더 자유롭다.

1990년 11월 초순, 이집트 공항에 도착하자 당시 인터서브 이집트 책임자인 60대 초반의 할머니 선교사님의 도움으로 카이로 시내로 들어올 수 있었다. 그때 곳곳에 높이 솟아 있는 교회 종탑에 받은 충격이란! 그런데 그 뒤로 교회를 방문해 열정적인 현지 기독교인들을 만나게 되면서부터 그 충격은 더 가중되었다.

'아니, 이런 곳에 기독교가 있다니…….'

그것도 2천여 년에 가까운 초대교회 전통으로 이어져 내려오는 교회와 기독교인들이 존재한다는 것은 충격 그 자체였다.

이집트 카이로에서 가장 대표적인 개신교회인 까스르 두바라(Qasr Al-Dubara) 교회를 찾았을 때 교회 주변에 무장경찰이 주둔하고 있었다.

'그러면 그렇지, 교회가 정부로부터 감시를 받고 있구나! 그러니 기독교인들의 신앙생활이 무척 힘들겠다.'

교회 앞의 경찰들은 교회와 교회를 출석하는 교인들을 감시하는 것으로만 보였다. 그런데 나중에 알고 보니 경찰력의 상시 주둔은 혹시나 발생할지도 모를 과격 세력의 공격으로부터 교회를 보호하기 위한 일련의 안전장치였다. 감시기능도 겸하지만, 감시보다는 보호기능이 더 우선하는 것이었다.

"김 선교사, 여기서는 기독교인이라는 것이 드러나면 안 돼. 그래서 나는 압둘라라는 이슬람식 별명도 가졌지. 알라의 종이라는 뜻이지. 그리고 기독교인이라는 말을 하면 현지인들이 싫어하고 거부감을 가져. 그래서 기독교인이라는 영어 대신에 무슬림이라고 나를 소개하지.

사실 우리가 진정한 의미에서 하나님께 복종하는 자가 아닌가.”

이런 말을 듣고는 나도 한동안 현지인들을 만나면 “나는 (예수님을 믿는) 무슬림입니다”라고 소개하곤 했다. 그 덕분인지 현지인들을 더욱 친밀하게 만날 수 있었다. 그러나 사실 이것은 위장이었고 거짓이었다. 거짓으로 친구를 사귀고 복음을 나누는 것이 옳은 일일까 고민하다가 과감하게(?) 나 자신이 기독교인임을 밝혔다. 그럼에도 아무런 일이 벌어지지 않았다. 친구들이 적대감을 드러내지도 않았다. 현지인 무슬림과 기독교인 간에 큰 편견과 거부감이 자리하고 있는 것이 사실이다. 그렇지만 그들에게 외국인이 기독교인이라는 사실은 전혀 이상한 일이 아니었다. 자신이 무슬림이듯 대부분의 외국인들은 대개 기독교인이라고 생각하고 있었기 때문이다.

1991년 봄, 이집트에 머물 당시 인터서브 사역자들은 각양각색의 사람들에게 여러 모양으로 섬기고 있었다. 어떤 이는 정부에 등록된 학교에서, 대학교에서, 연구소에서, 신학교에서, NGO를 통해, 언론기관에서, 서점에서 일하고 있었다. 어떤 단체가 하는 것처럼 무슬림들만 붙잡고 일하지도 않았기 때문에 007작전을 연상시킨 만한 어떤 스릴도 느낄 수 없었다.

“이게 아닌데, 이슬람권에서의 선교활동은 긴장감도 있고 뭔가 첩보작전 같은 것이 연상되어야 하는데……. 이렇게 선교하는 것이 이상하다.”

그래서 단체를 잘못 고른 것은 아닌지 많이 고민했다. 그래서 007작전 같은 사역 분위기를 전해 주던 한국인 선교사 H가 소속된 단체와 일하고 싶었다.

때마침 이집트를 방문한 선배 목사님께 H가 소속된 단체 Z선교회의 선교지에서 허입받을 수 있는 절차를 알아 봐 달라고 신신당부하기에

'일자리가 없다.' 나라마다 다르지만 아랍 국가의 실업률은 30퍼센트 안팎이다.
아침부터 저녁까지 막노동이라도 하기 위해 모여 있다. (예멘 사나)

이르렀다. 그러던 중에 나 자신이 가지고 있던 선교에 대한 편견과 현지에 대한 무지를 발견하게 되었다. 그리고 선교가 영웅적인 행동이나 첩보전이 아니라 다양한 모양으로 부르심을 따라 현지인을 만나고 섬기는 삶, 그 이상도 이하도 아님을 알게 되었다. 은연중에 나 자신 깊숙이 선교사로서의 영웅심리가 자리하고 있음을 깨달을 수 있었다. 결국은 Z선교회에 참여하지도 않았고 아직도 인터서브에 속해 있다.

요르단에서 사역하던 O사역자 자신이 살던 동네 어귀에 있는 한 가게 주인아저씨가 정보부 직원인데, 자신이 오갈 때마다 유달리 관찰하고 있다고 했다. 요르단의 수도 암만에 있는 외국인들이 다니는 일명 선교사 언어학교 앞에는 날마다 정보부 직원들이 출근하여 출입하는 외국인들의 동태를 파악하고 있다고 전했다. 그리고 학교 건너편 가게에서 일하는 사람들도 사실은 정보부 관계자들이라는 이야기도 떠돌았다.

그런데 아침마다 출근하는 정보부 직원이라는 사람들은 알고 보니 하루 날품을 팔려고 일자리로 가기 위해 모여 들곤 하던 사람들이었다. 이 학교 학생들의 동태를 파악하기 위하여 정보부 관계자 여러 명이 상주해야 할 만큼 새로운 정보가 나올 것도 없다. 그것은 인력 낭비일 뿐이다. 자신이 그렇게 관심의 대상이 될 수도 없다는 사실을 모르는 것이다. 이 나라의 수만 명의 경찰과 군병력을 다 외국인 첩보 활동에 투입해도 150여만 명의 모든 외국인들을 감시할 방법이 없는데도 선교사 스스로 편견에 갇혀 버린 셈이다.

사실 제3세계 국가 중 어느 나라를 막론하고 정보 정치를 하지 않는 나라는 드물다. 그러나 이들 정부의 관련 기관의 정보 수집 활동에서 가장 주목하고 있는 부분은 이슬람 원리주의 진영을 비롯한 반정부 반체제 진영이다. 이런 국가들은 선교사들을 정보 수집 활동의 O순위 대상으로 두지 않는다. 필요하다면 정보 수집은 가끔씩 제3자를 통해서도 쉽게 할 수 있는 정도인데 굳이 전담 요원을 둘 필요까지 없을 것이다. 그럴 만한 재정도 인력도 없다. 그리고 다수의 선교사들이 정부 차원에서 볼 때 별달리 주목할 만한 일을 하고 있지 않다.

대다수의 이슬람 국가들도 종교보다는 사회안보, 정권안보, 국가안보를 더 크고 중요하게 생각한다. 요르단의 경우 최대 문제는 팔레스타인이다. 전 국민의 75퍼센트가 팔레스타인계이다. 어느 정도로 팔레스타인 문제에 집중하는지는 아래와 같은 사례에서 쉽게 알 수 있다.

요르단 대학교 학생들이 수년 전에 반이스라엘 사이트를 개설하려고 했다는 혐의로 국가보안법 등으로 사법처리를 하려고 했다. 반이스라엘 반국교 정상화 운동 그룹의 활동들은 언론 통제를 통해 알려지지 않도록 노력한다. 이라크 전쟁이 터졌을 때 몇 주간 반미 시위가 벌어졌다. 정부는 이 시위를 심하게 다루지 않고 가두 행진 등을 허용했다. 그러나 반이스라엘 시위는 원천봉쇄를 하거나 강경진압을 하기도 했다. 요르단 보안 당국의 최대 과제는 반이스라엘 정서가 확산되는 것을 막는 것이다. 정보 인력을 이와 관련한 정보 수집에 투입하고 있다. 이스라엘과 외교관계를 맺고 있는 이집트도 요르단과 비슷하다.

오히려 세속 정부는 이슬람 원리주의자들 일부가 종교적 문제를 사회문제화하는 것에 반대한다. 아니, 아예 그런 움직임을 억압하기조차 한다. 요르단의 경우 대학, 사원에서 이뤄지는 공식적인 기도회 외에 대학 내의 모든 형태의 종교 집회가 허용되지 않는다. 물론 개인적으로 메카를 향하여 기도하는 행위는 별개이지만 모여서 어떤 종교 집회를 갖는 것은 금지되어 있다. 특별히 기독교인만 제재를 가하지 않는다. 튀니지의 경우는 젊은이들이 정기적으로 열심히 이슬람 사원을 출입하거나 종교 활동을 하는 것에 민감한 반응을 보인다. '지나치게 이슬람 종교 활동에 빠지지 않도록' 계도를 하기도 한다. 튀니지 세속 정부 입장에서 이슬람 원리주의 운동의 확산은 이른바 '운동권'의 확산을 의미하는 것이기 때문이다. 걸프 지역 국가들도 종교 문제가 우선순위가 아니다. '믿으려면 믿어라, 사회문제화되지 않는 범위에서.' 이런 식이다.

24시간 감시중인 종교경찰들?

이집트에 한국인 선교사 B가 파송되었다. 공항에 도착하면서부터 B선교사는 긴장하기 시작했다. 카이로 공항 입국 심사대 주변에서부터 흰색 와이셔츠를 입은 사람들이 달려들어 입국수속을 도와주겠다며 여권을 가져가려 했다. '이 사람들이 내(선교사)가 이곳에 온 것을 알고 달려온 종교경찰은 아닌가?' 하는 두려움에 손사래를 쳤다. 그러고 나서 주변을 둘러보니 온통 무장한 경찰들과 군인들이 가득했다.
'이슬람권에는 선교활동을 감시하는 종교경찰이 많다고 하는데 정말이구나.'

B선교사는 식은땀을 흘리며 어렵게 입국수속을 마친 뒤, 공항청사 밖에서 택시를 잡아 타고는 시내의 한 호텔로 직행했다. 호텔에 도착하여 투숙절차를 신속하게 마치고는 문을 걸어 잠그고 두문불출하기를 2, 3일, 후배 선교사가 왔다는 소식을 듣고 D선교사가 객실로 전화를 걸어도 받지 않았다. 전화도 도청하고, 자기의 움직임을 누군가가 감시하고 있다고 믿었기 때문이다. 그곳에 파송된 고참 사역자가 호텔까지 찾아와 이해시키고 나서야 그 긴 은둔에서 벗어날 수 있었다.

사실 B선교사가 파송된 이집트는 지금도 25년 가까운 계엄령으로 경찰과 군인들이 곳곳에 배치되어 있다. 이집트는 공식적으로 교회가 존재하고 선교사나 목회자 신분으로 체류비자를 받은 사역자들도 있다.

나도 이와 비슷한 이야기를 들으면서 이집트로 향했다. 임시로 호텔에 여장을 풀고, 얼마 후 아파트로 이사를 갔다. 그런데 한국에서 보낸 우편물마다 누군가가 뜯어 본 흔적들을 확인할 수 있었다. 예를 들면 다섯 부를 보냈다던 선교회 회지가 꼭 한 부씩 사라지곤 했다. 풀칠한 부분이 떼어졌다가 엉성하게 다시 붙인 것을 보면 누군가가 뜯어 본 것이 분명했다. 그래서 기도편지는 반드시 인편을 통해 서울로 보내야 했다. 전화도 마음대로 하지 못했다. 누군가가 듣고 있을지도 모른다는 부담 때문이다.

그러던 중 카이로에 유학중이던 아랍어과 E선배로부터 에피소드 하나를 들었다.

"한국에서 음악 테이프를 모아서 소포로 보냈는데 받았냐고 연락이 왔어. 수소문하여 소포의 행방을 찾았더니 정보 관계자의 사무실에 보관되어 있었어. 때마침 그 사무실을 가던 날, 정보 담당 관계자가 그 테이프를 듣고 있지 뭐야. 그런데 그 테이프는 한국 말로 되어 있었지. 그래서 '아니 한국말 알아듣냐' 라고 물었더니 담당자가 그러더군. '그냥 듣는 것이라고.' 그래서 그 소포 뭉치를 찾아서 나왔지."

이 우스운 이야기는 '믿든지 말든지' 다. 그러나 분명한 것은—물론 이집트 정부 당국에서 직접 확인하지는 않았지만—외국인이 새로 이집트에 정착하면 몇 달 동안은 편지나 다른 경로를 통해 기본적인 정보를 알아본다는 것이다. 그래선지 외국인이 아파트는 물론이고 호텔에 일주일 이상 머물 경우도 관할 경찰서에 외국인 등록을 하도록 되어 있다. 월세 입주자는 월세 계약서 사본을 첨부하는 것이 필수이다. 특별히 종교적인 목적을 가지고 있지 않다 하더라도 이 같은 절차는 모든 외국인에게 요구된다. 심지어는 주재국 정보 기관에서 외교관들의 동태를 파악하는 나라가 많다는 것은 공공연한 사실이다. 선교사들에 대한 정보 수집이 정보 계통의 정보 수집 임무의 우선순위가 아니라는 점이다. 대개의 이슬람 국가들은 국가안보 차원에서 반정부 인사들에 대한 정보 수집이 최우선적인 정보 기관의 사명이다.

이슬람 국가들은 선교사 정보를 서로 공유할까

요르단에서 사역하고 있는 M사역자가 주재국 요르단을 벗어나 다른 곳에 출장을 가기 위하여 출국 심사대 앞에 서 있었다. 갑자기 담당직원이 상급직원을 찾아 뭔가를 상의했다.

"이 사람, 출입국 금지 대상자 명단에 나와 있는 것 같은데요. 그런데 거주 비자도 있고 이상합니다."

상급자는 이 문제를 간단히 해결해 주었다.

"이 사람아, 성이 같고 이름 첫 자가 같다고 동일한 사람이 아니잖나. 이름 끝자가 다르고 생년월일도 다르잖아. 그럼 다른 사람이지."

문제는 이 해당국 컴퓨터에 여전히 붉은 글자로 떠오르는 사람은 이미 10년 전에 강제 추방된 한국인 사역자라는 점이다. 그렇다고 이 사역자가 다른 국가를 출입하는 데 동일한 어려움을 겪지는 않는다.

이슬람 국가끼리 서로 선교사 정보를 공유한다는 일부의 주장에도 나름대로 근거가 있다. 그러나 이슬람권 정부들은 나름대로 세속화를 추구하면서 정치와 종교를 구별하려는 시도가 한창이다. 심지어 터키나 튀니지는 사회가 지나치게 종교화되는 것에 민감하게 대처할 정도이다. 터키에서는 공공기관에서(학교를 포함) 여성들이 히잡을 쓰는 것도 금지되어 있고, 튀니지는 지나치게 종교적인 활동에 참여하는 것을 견제하기도 한다. 설령 이슬람 국가간에 선교사에 관련된 정보를 공유한다고 할지라도 그것이 전체 이슬람 국가에 연결되는 것도 아니며, 해당 정부에서 가지고 있는 선교사에 관련한 정보를 일반적으로 자국민간 이슬람 원리주의 진영이나 다른 나라의 조직에게 넘겨 주지도 않는다.

이집트는 물론이고 요르단 정부에서는 개종자들의 교회 출입은 물론이고 선교사들에 관련된 정보를 알 만큼 알고 있는지 모른다. 그러나 일반적으로 정부는 보호와 감시라는 두 가지 기능을 충실히 수행한다. 사안이 커지지 않거나 사회문제화되지 않는다면 묵인하거나 방치한다는 것이 기본적인 대 선교사 정책일 것이다.

그런 이유 때문인지 이집트에서 강제 추방된 B사역자는 인근 이슬람 국가 사우디아라비아에 장기체류하였고, 사우디아라비아에서 추방당한 이후에는 또 다른 이슬람권에서 사역하고 있다. 요르단에서 사역하던 E사역자는 정보부의 부름을 받고 정보 관계자를 만났다. 관계자는 물론 E사역자도 자신이 선교사임을 서로 알고 있었다. 면담 결과는 추방조치가 아니었다.

"거주 비자를 줄 수 없다. 어떻게 머물지는 당신이 알아서 해라."

정보 관계자는 그가 선교사임을 알고 거주 비자를 줄 수는 없지만 체류하는 것을 금지하지는 않겠다는 것이다. 이집트에서 캠퍼스 사역을 하던 미국에서 온 H사역자는 현장에서 적발되었다. 그런데 미국 자체가 최강대국이어서 그런지 이집트 정부에서는 추방조치는커녕 아무런 법적 제재도 가하지 않았다.

I국에 사역하고 있는 J사역자가 한국을 방문하고 돌아오는 길이었다. 한국 공항에서 직업란에 선교사라고 쓴 것이 공개되어 중간 경유

지인 카타르 공항에서 자신만 유달리 까다롭게 처리하였다고 주장했다. 그러나 카타르보다 더 까다롭게 공항출입국 절차가 진행되고 있는 나라들은 그외에도 많다.

이슬람 세계는 하나가 아니다. 더욱이 반이슬람화를 추구하기 위하여 연대할 여력도 없다. 이슬람국가연합조차도 이른바 이슬람의 서방 진출 전략을 모색하기 위한 자리가 아니라 다분히 정치적인 조직일 뿐이다.

'이슬람 세계는 선교사들에 대한 정보를 공유하고 있다'는 이제까지의 속설이 전혀 사실 무근이라고 말하는 것은 아니다. 그럼에도 불구하고 오늘날 이슬람 세계는 세속 정부와 이슬람 신정 정부 간의 갈등이 존재한다는 사실과, 정부간의 협력을 추구해야 할 만큼 종교 문제가 중대 사안이 아니라는 점도 주목하여야 할 것이다. 이슬람권에서 사역하는 사역자나 그들을 보낸 기구와 교회, 후원자들에게는 선교활동 자체가 전부일는지 모르지만, 해당 국가 정부 기관은 처리해야 할 산적한 문제들을 안고 있다. 그들은 우리만 보고 있지 않다. 이슬람권은 서구 기독교의 이슬람권 진출을 막기 위해 연대하고 있지 않으며, 오히려 서구 세계와 연대하기 위하여 종교의 자유폭을 넓혀 나가는 경우도 적지 않다. 세속 정부의 관심은 정권 안보나 국익이다. 세속 정부의 입장에서는 지나친 이슬람 원리주의나 편협된 종교활동도 경계의 대상이 되고 있다. 이슬람권의 세속 정부는 과격 진영을 향해 채찍과 당근을 써야 할 위치에 처해 있다. 개방과 개혁으로 나가려는 이슬람 세계의 세속 정부들은 보호와 감시기능으로서 교회와 사역자들을 지켜보고 있다.

한국 무슬림들의 간첩 활동 진상

'이슬람권에서 보낸 간첩들이 선교사들의 정보를 수집하고 있다?' 라고 생각한다. 그러나 이슬람 정부는 선교사들 정보 수집에 광분할 여력이 없다. '이슬람 정부는 선교사들 정보 수집에 광분하고 있다' 거나 '이슬람 세계는 선교사들에 대한 정보를 공유하고 있다' 는 생각을 많이 하지만 일반적으로는 이런 일이 벌어지지 않는다. 그 이유는 선교사들의 정보 수집에 광분할 여력을 가지고 있는 이슬람 국가들도 많지 않을뿐더러, 그렇게 하지 않아도 필요하다면 그리 어렵지 않게 정보를 다 챙길 수 있다.

이슬람 세계는 지금 세속 정부와 이슬람 신정 정부 간의 갈등이 존재한다. 이들간에 종교적인 문제를 두고 연합이나 제휴가 가능하다는 것은 무리이다. 모든 이슬람 국가들이 이슬람의 확장만을 위해 동분서주하거나 이른바 공동전선을 펴고 있지 않다. 최소한 정부 차원에서의 긴밀한 협력과 공조는 거의 불가능해 보인다. 앞서도 말했지만, 정부 간 협력이 필요하다면 그것은 이슬람 원리주의의 확산을 막기 위한 공조일 수 있다. 기독교 세력의 확장을 막기 위하여 정부간 협력과 공조를 강화할 분위기가 아니다. 대부분의 이슬람 국가들이 '이슬람부' 를 정부 기구로 두고 있다. 이 이슬람부는 종교부에 해당하는데, 대부분의 경우 그 부서 안에 기독교를 관장하는 '국' 이 설치되어 있다. 일부 국가에서는, 규모는 미미하지만 기존의 기독교회에 일부 지원금을 제공하기도 한다.

"아무개는 기독교인이 아닙니다. 무슬림인 것이 분명합니다. 그런데 그 아무개가 이곳 정부 기관에서 아르바이트를 하면서 한국 선교사들에 관련된 자료를 아랍어로 번역하고 있는 것이 분명합니다. 조심하여야 합니다.”

요르단에서 들은 이야기이다. 이들 사역자들이 지목하는 간첩(?)은 아랍어과 A후배였다. 그러나 A는 무슬림으로 고백하고 있는 것이 사실이지만 그 일은 한 적이 없었다. 요즘도 요르단 암만에서는 무슬림으로 알려진(아니 그렇게 믿고 있는) 한국인에게 경계의 눈빛을 던지고 있다. 이런 긴장감은 다른 중동에서도 종종 벌어진다. 한국어를 하는 아랍 무슬림보다 아랍어를 아는 한국 무슬림이 간첩 활동에 더 안성맞춤이라는 확신(?) 덕분이다.

한국의 이슬람연구소(소장 전재옥 교수, http://www.iiskorea.org)는 자주 국내의 이슬람 학자들을 초청하여 공개강좌를 갖곤 한다. 물론 대개가 무슬림 교수들이고 한국 무슬림 공동체에서는 나름대로 독보적인 위치를 가지고 있는 분들이다. 이 교수들은 이슬람연구소가 무슨 일을 하는 단체인 줄 다 알고 강의를 오신다. 이슬람연구소도 무슬림 교수인 것을 알고서 초청을 한다. 내가 졸업한 외국어대학교 아랍어과에는 기독교인 교수님들도 많지만 무슬림 교수님들도 많다. 그런데 지난해 여름, 내가 기독교방송에 출연한 방송 내용이 노컷 뉴스(http:// www.cbs.co.kr/nocut)에 실렸다. 이것을 그대로 동문동정에 실었다. 당연히 아랍어과 동문인 것을 밝히고 선교사로 소개하고 있었다.

“김 선배님! B교수님께서 요르단에 가면, 선배님이 선교활동하고 계신다며 꼭 만나보라고 하셨어요.”

B교수님도 기독교인이 아니고 무슬림이다. 몇 명 안 되는 아랍어과 출신 사역자들이 무슬림이건 기독교인이건 무관하게 중동 어디에서 어떤 일을 하고 있는지는 아랍어과 출신들이, 특별히 교수님들이 훤히 알고 계신다. 그리고 한국 무슬림 학생회의 주력도 외대 아랍어과 출

신들이 많다. 만약 이슬람권에서 보낸 이슬람 간첩들이 한국 선교사들의 정보를 수집하고 있다면 이들을 통해서 아주 간단하게 해결하였을 것이다. 그런데 과연 그런 일이 일어나는지에 대해서는 의심의 여지가 많다.

이집트에서 사역하는 C선교사의 사역에 큰 힘이 되어 준 한국인은 공식적으로 무슬림인 유학생 D였다. D는 성경공부 교재를 번역하는 데도 도움을 주었고, 이런저런 일로 C선교사를 많이 도왔다. 중동의 E국에는 무슬림 선교사로 파송된 F가 있었다. 선교사들은 자신의 신분이 노출될 것을 우려해 이 F를 경계했다. 그러나 그 나라에서도 무슬림 선교사 F로 인해 경찰 당국의 조사를 받은 사람은 없었다.

가공의 이슬람, 가상의 무슬림

이슬람 선교에 관심이 있다는 지체들로부터 종종 이런 말을 듣곤 한다.

"이슬람에 대해서라면 저도 알 만큼 알고 있어요. 이슬람의 신앙고백은 물론이고, 무슬림들이 가지고 있는 다섯 가지 기둥이 뭔지도 알아요."

그들이 읽은 이슬람 관련 서적들 몇 권을 나열하면서 자신도 알 만큼 알고 있다는 것을 보여 주고 싶어 한다. 그러나 과연 이슬람에 대해, 무슬림에 대해 얼마만큼 알고 있는 것일까?

만약 우리가 '이것이 한국의 기독교다' 라는 책을 쓰려고 한다면 쉬운 일이 아닐 것이다. 지역과 교파를 포괄적으로 다루는 책을 쓰려면 지면이 부족할 것이고, 어느 교단을 배경으로 해서 쓴다고 하더라도 지역에 따라 다른 내용들을 담아야 할는지 모른다. 자그마한 한 나라의 정보를 담는 것도 이렇게 어려운데 13억 인구의 이슬람을 포괄적으로 다룬 책을 쓴다는 것은 쉬운 일이 아닐 듯하다.

'이것이 한국의 기독교다' 라는 책에 다음과 같이 쓰여 있다고 가정해 보자. 무슨 생각이 드는가?

"기독교인들은 사도신경과 주기도문을 외운다. 예배는 다양하게 모이는데 주일낮예배는 물론이고 수요일, 금요일에도 모인다. 주일낮예배는 대개 11시에 시작하는데 예배는 '주악에 맞춰 묵도하심' 으로 시작해 목사의 축도와 송영으로 끝이 난다. 교회 조직은 당회와 각종 기관이 있고 교직자들은 담임 목사와 부목사 등 교역자들로 구성된다. 신앙의 기본 덕목으로는 십일조와 주일성수를 강조한다."

이런 내용만으로 한국 기독교를 알았다고 할 수 있을까? 이런 내용은 한국 기독교의 ABC 철자에도 해당하지 않는 가장 기초적인 내용에 불과한 것이다.

입장을 바꿔 생각해 보면 그동안 우리가 접한 이슬람 정보도 이와 같이 얕은 수준을 넘어서지 못한 것이 많았다. 이런 면에서 이슬람권 선교 관심자들이나 헌신자들조차도 이슬람에 대해 거의 무지한 상태에 있다는 지적은 그리 틀린 말만은 아니다.

이슬람 세계는 13억 인구이며 지역도 넓다. 한 나라에서도 지방에 따라, 정파와 계파에 따라, 개인차에 따라 다양한 모양과 모습으로 나타난다. 여기에 지역 정서와 토착 종교의 영향도 직·간접적으로 받아서 나름대로 독특한 문화를 이뤄 왔다. 어떤 곳에서는 이들도 무슬림인가 싶은 사람들도 존재한다.

그렇다면 우리는 이슬람을 어떻게 알아 갈 수 있는가? "무슬림이 되기 전에는 이 같은 내용을 다 접해 볼 수 없는 것 아니냐"라고 반문할 이들도 있을 것이다. 그러나 무슬림이 된다고 해서 무슬림의 모든 세계를 접할 수도 없다.

내가 강조하고 싶은 요점은 이슬람 세계를 너무 단순화거나 산술적으로 분석하지 말아야 한다는 것이다. 무엇보다 이슬람을 종교적, 교리적인 접근만으로 이해하려는 시도는 장점과 함께 큰 취약점을 가지고 있음을 주목하여야 한다.

이슬람을 너무 종교적인 시각으로만 이해하지 않기를 바란다. 문화인류학을 하는 이들이 한 문화를 그들의 고유한 가치체계로 이해하려고 노력하듯이, 이슬람 세계를 이해하고자 할 때도 동일하게 그 사람들이 가지는 생활 규범이나 가치체계를 차분하게 살피는 것이 중요하다. 이슬람 세계의 모든 것이 이슬람에서 비롯한 것이 아니고, 무슬림들의 모든 것이 꾸란에 바탕을 둔 것이 아니기 때문이다. 이슬람 교리나 꾸란은 이슬람권에 살고 있는 특정 지역 특정한 사람들의 삶의 한 면을 이해하는 데 도움이 될 수 있지만, 총체적으로 이해할 수 있는 완벽한 기준 잣대는 아니다.

안타깝게도 우리는 이슬람도 모르고, 무슬림도 알지 못한다. 그럼에도 불구하고 알려고 하지도 않는다. 우리는 우리가 만들어 놓은 하나의 틀에 이미 만들어진 가상의 무슬림들을 만나고 있고, 가공된 이슬람을 대면하고 있는 것이다.

묵은 정보와 편견의 재보급

이미 상황이 종료된 기도 제목으로 기도하는 경우를 종종 접하고는 당혹스러울 때가 있다. 우리가 자주 참고하는 선교지 정보의 집대성판 세계기도정보, 2002년판조차도 정보를 업데이트하지 않은 내용을 보았을 땐 실로 안타까웠다. 중동 지역 외의 다른 지역별 국가별 정보는 차치하고 일단 내가 활동하고 있는 중동 지역 관련 정보만 살펴봐도, 많은 경우 1990년대 초반이나 중반에 머물러 있다.

> 1. 걸프전은 요르단의 경제 위기를 더 악화시켰고 정치적 불안을 가져왔다. 이 땅의 평화를 위해, 그리고 국왕과 정부를 위해 기도하자. 몇몇 회교도 사이에 일고 있는 극단주의에 맞서 종교적 자유가 유지되도록 기도하자. 요르단은 언어습득, 문서제작과 보급, 대중매체 사역 등 많은 기독교 활동의 중심지이다.
>
> (…중략…)
>
> 4. 걸프전은 회교의 적절성과 진리에 대해 깊은 의문을 갖게 했다. 요르단인과 난민(팔레스타인과 러시아인)이 전례 없이 그리스도게 마음을 열고 있다. 그것은 요르단 기독교인들의 사랑과 효과적인 구제, 복음증거 때문이다. 이 상황이 방해받지 않으며 새로운 교회가 증가하도록 기도하자. 이라크 난민은 아직도 보호받고 있으며 150명은 매주 예배에 참석해서 하나님의 말씀을 듣고 있다. (세계기도정보 온라인, http://www.churchtv.us/guide/mission 요르단 관련 내용 중)

그러나 이 기도 정보가 담고 있는 내용은 이미 시효가 지난 느낌을 준다. 걸프전은 2000년대 말 이후로는 큰 이슈가 아니기 때문이다. 정치·사회·문화적으로 민감한 내용 등에 대해 정확하게 담아내는 것이 정보로서 중요한데 그 초점을 잃어버린 셈이다.

선교현장에 1만 2천여 명이 넘는 사역자들이 있고 때를 따라 수많은 이들이 그곳을 찾고 있음에도 불구하고 업그레이드하지 않고 떠도는 정보는 우리에게 어떤 존재인가? 이슬람에 대한 편견을 깨는 첫걸음으로, 거듭 반복되고 있는 묵은 정보부터 청산해야 할 것이다.

시대착오적인 정보들이 지금도 확인되지 않은 채 흘러가고 있지 않은가. 이미 상황 종료된 사건들이 현재 진행형 기도 제목으로 회자(膾炙)되는 것은 안타까운 일이다. 미국이 아프간 전쟁이나 이라크 전쟁을 수행할 때조차도 묵은 정보로 인해 상당한 인명과 재산 피해를 본 것도 사실이 아닌가. 묘한 것은 일반 전투에서야 정보 부족으로 이런 피해를 평가하지만, 선교현장에서 묵은 정보로 인한 손실을 당연하게 받아들이는 것 같다.

아울러 정보에서 중요한 것은 수치가 아니라는 사실을 주목하여야 한다. 선교의 중심은 사람이기 때문이다. 물론 환경도 그 '사람'을 둘러싼 환경일 뿐이지 독립적으로 존재하는 것이 아니다. 그럼에도 불구하고 많은 선교지 정보들이 수치의 나열에 그치곤 한다. 그러나 수치는 정확하게 한 사람이 처한 환경을 보여 주지 못한다. 이른바 GNP 수치도 그렇다. 이라크에서의 50달러와 한국의 50달러는 다른 의미와 무게를 지니고 있지만, 우리는 단순히 수치상으로 '그곳 사람들은 우리보다 몇 배 이렇게 산다'고 단정 짓곤 한다. 신발을 신고 사는 사람이 맨발로 사는 사람보다 그만큼 행복지수가 높은 것도 아닌데도 우리는 물질의 소유 정도로 행복지수를 평가한다. 그런 면에서 수치로 한 지역과 사람들을 이해하고 평가하려는 시도는 무모하고, 오히려 현실을 왜곡할 소지가 크다.

그렇다면 묵은 정보를 사실적이고 최근 정보로 바꿀 방법이나 대안은 있는가? 2000년 세계선교대회와 21세기 선교전략회의는 8개항의 결의문을 만들어 내었다. 그 항목 가운데는 이런 대목도 있다.

우리는 선교지 선택과 사역이 선교사 개인이나 선교기관의 주
관적 선호로 결정되기보다는 성령의 인도하심과 정보에 기초한
전략적 판단에 따라 이루어져야 한다는 점을 인식했다. 성경적
선교에 기초하여 급변하는 선교환경에 대처하며, 선교전략의
개발과 협력을 통한 선교의 효율성을 제고하기 위하여, 지속적
이고 심도 있는 선교신학 연구와 리서치를 통해 정보의 개발과
공유가 이뤄지기 위하여 선교정보센터를 세워 운영할 필요가
있다고 믿는다.

이런 일련의 결의문이 나왔을 때 내심 새로운 기대감을 갖기도 했
다. 그런데 그 결의문 이후 지금까지도 아무런 후속 조치가 없는 현실
이 오히려 씁쓸함을 느끼게 한다. 그러나 지금도 이런 논의는 계속되
고, 일부 단체나 사역자들에 의해 선교지 정보 전략연구센터 같은 기
능들이 시도되는 것은 바람직하다.

누가 현장 전문가인가

한국 교회는 현장에서 고국을 방문한 사역자들을 통해 선교지에 대한
정보를 받아들인다. 그들의 말이 다 진실이 되어 버리고 만다. '과연
그러한가.' 검토할 만한 여유도 없다. 그렇지만 적잖은 현지 선교사들
은 자신의 사역지 외의 지역에 대해서는 정통하지 못한 경우가 많다.
이것은 한국 교회가 선교사역에 사역지 연구를 소홀하게 대해 온 데
서 비롯한 것이다. 한국 언론방송을 봐도 많은 경우 현지에서 코디네
이터 역할을 해 준 한국인에 의해 좌우된다. 현장 취재도 적잖은 경우
미리 맞춰 놓은 기사의 그림(사진)을 찾아오는 것 같은 느낌을 받을 때

가 많다.

> 중동실업인 선교회 소속인 집사님의 설명을 들으니 가고자 했
> 던 바레인, 카타르, 사우디아라비아, 암만, UAE 등의 사정이
> 쿠웨이트와 비슷하다고 하기에 발걸음을 바로 파키스탄으로 옮
> 기기로 했다. 배곯고 춥고 외로운 사람들이 많은 나라들이 즐비
> 한데 그렇게 배에 기름 껴서 하나님 찾게 하는 데도 배의 노력
> 과 시간이 걸리는 자들에게 가고 싶지 않았기 때문이다. 차라리
> 다른 못사는 중동의 국가들이 하나님의 말씀으로 잘 되는 것을
> 보고 시기가 나서 믿게 하는 편이 낫다고 생각했다.
> 지금 이 나라들에서 많은 체재비와 노력으로 수고하시는 선교
> 사님들과 교회들이 있는데 전략을 다시 고려해 보는 편이 좋지
> 않나 생각이 든다. 이라크와 이집트, 그리고 시리아와 북부아프
> 리카 나라 등, 정말 얼마 되지 않는 교회의 능력으로 급히 감당
> 해야 할 나라들이 즐비하기 때문이다. 오해하지 마시기 바란다.
> 그들을 사랑치 않는 것은 아니나 힘을 올바로 집중해야겠으며
> 올바른 타이밍과 전략을 가지고 가야겠다.(미국 〈크리스천투데이〉,
> http:// christiantoday.us, 2004년 3월 24일자)

이 기사를 보면 글쓴이의 행선지가 현지에서 그를 도왔던 한 사람의
조언으로 확 바뀌었음을 알 수 있다. 그러나 걸프 지역 국가들이라고
해도 각 나라마다 선교현황이 많이 다르다. 게다가 걸프 지역 국가에
서 사역하고 있는 한인 사역자들은 손에 꼽을 정도로, 요르단에서 사
역하는 한인 선교사의 20~30퍼센트도 되지 않는다. 글쓴이는 현지에
서 접한 잘못된 정보와 고정관념으로 선교지를 보고 판단했다. 그 잘

못된 정보를 바탕으로 무리하게 선교전략을 제시하고 있다.

한국 사람들이 한국 소식을 어디에서 얻고 있을까? 대부분의 경우 전문가들과 언론을 통해서다. 심지어 내 고장 뉴스조차도 스스로 발굴한 것보다 이들 전문집단이 제공한 경우가 대부분이다. 한국인으로서 한국 정보를 얻을 때도 이런 형편인데 외국인으로서 체류하는 국가나 민족에 대한 올바른 소식을 접하는 것이 그리 단순한 문제가 아니다. 여기서 말하는 정보는 단순한 데이터를 의미하는 것이 아니라 올바른 소식과 올바른 해석이 어우러진 상황에 대한 안목을 의미한다.

얼마 전 이라크 파병에 대한 정보를 수집한다고 하면서 1, 2차 정부 조사단이 지역조사를 실시했다. 그런데 결과보고는 완전히 상반되었다. 무엇이 문제인가? 양쪽 모두 전문가 집단을 만나서 정보를 모았다고 하지만 결과는 달랐다. 문제는 현지에서 만난 이들의 이야기를 액면 그대로 받아들여 차이가 난 것이다. 누굴 만나느냐에 따라서 사실도 달라질 수 있는 것이다.

그럼에도 불구하고 우리는 현지인이 전해 주는 정보를 그대로 받아들이거나 현장에서 만난 한국인들의 이야기를 의심하지 않고 그대로 받아들인다. 불신을 조장하기 위해서가 아니라 바른 현장 이해를 위하여 '과연 그러한가' 라는 되짚어 보는 수고를 해야 한다. 그것은 정보를 보다 객관화하고 올바른 정보를 공유하기 위하여 절대적으로 필요한 과정이다. 그동안 절대화하던 것을 뒤집어 보는 것은 정보를 정보답게 만들기 위한 필수적인 과정이다.

"선교사님마다 말하는 것이 다르고 주장이 달라서 곤혹스러워요. 뭐가 진짜죠? 양쪽 다 맞는 것인가요? 아니면……."

단기 정탐 사역을 나온 후배들의 이야기다. 후배 사역자들은 종종 서로 다른 주장을 펴고, 서로 다른 시각으로 정보를 말하는 선배 사역자들 사이에서 곤혹스러운 경험을 하게 된다. 어떻게 이 문제를 해결할 수 있을까? 나는 현장에서 다양한 단기선교팀들을 만나면서, 고집하는 하나의 원칙이 있다. 그것은 단기팀들에게 내가 소속된 단체만을 강조하거나 보여 주지 않는다는 원칙이다. 내가 속한 단체도 이들 단기팀들이 현장에서 만나야 할 다양한 단체들 중 하나일 뿐이다. 그래서 단기팀들이 현장을 제대로 이해하도록 다양한 계층의 사람들을 만나도록 도와야 했다. 즉, 외국 선교사들, 한국인 선교사들, 현지 기독교 지도자들, 현지 지도자들을 통해 현장과 방문지의 사람들을 보다 총체적으로 이해할 수 있도록 돕고 싶었다. 판단은 방문자가 해야 할 몫이다. 특정 단체에 소속되어 현지에 나온 단기팀이라 할지라도 자기 단체의 특정한 모양만을 강조하는 것은 바람직하지 않다. 조금 번거로울지라도 바른 현장 이해를 위해 다양한 접근과 기회를 제공하는 수고가 필요하다. 또 한 가지 문제는, 현장을 방문하였으되 특정 시각으로만 제한된 공간과 사람들을 통해서 현장을 만났다면 오히려 더 왜곡된 정보를 만나게 된다.

"내가 가서 봤는데 말이죠……."

이러면서 잘못된 경험과 지식이 강물처럼 흘러가면 그것은 현장조사를 안 한 것만 못하다. 이제까지 많은 잘못된 정보들은 이런 과정을 거쳐 심화된 것이 아닐까?

현지에 오래 살았다 해도 어떤 면에서 변화의 흐름에 무관하게 살 수 있다. 정보는 살아 있는 사람들이 계속적으로 만들어 가는 삶의 정황에 관련한 종합보고서이다. 변화하는 삶에 대한 지속적인 관심과 참여를 통해서 이뤄지는 정보를 현장 사역자들이 공유할 때 정보는 생명력을 지니게 될 것이다. 현지발 외신종합이나 외신인용이 현장성을 빙자하여 사실을 왜곡시키듯 우리에게도 비슷한 경향이 답습되어선 안 된다.

바그다드에서 만난 미군과 이라크인의 다정한 한때. 바그다드 함락 초기 이라크인들은 미국의 역할에 대해 관망하는 분위기가 역력했다.(이라크 바그다드)

이라크 전쟁이 가져온 장미빛 낙관론

'선교지 상황을 어떻게 평가하고 어떻게 전망하는가' 하는 것은 중요하다. 그것은 물론 선교현장에만 얽혀 있지 않다. 그러나 선교현장에 대한 바른 이해와 평가, 전망과 대안 마련은 중요하다.

이라크 전쟁과 전쟁 이후의 이라크 상황에 대한 평가와 전망도 그런 점에서 중요하다. 이라크 전쟁 이후 그곳의 상황은 표면적으로는 좋아지고 있다. 최소한 경제적인 면에서는 나아지고 있다. 미국과 유엔의 경제제재로 인해 들어오지 못하던 수많은 물품들이 몰려 들어오니 새 시대가 열린 셈이다. 그러나 그것이 전부는 아니다. 이라크는 바그다드 함락 직후부터 몇 가지 큰 변수를 안고 있다.

그것은 안전과 질서의 부재이다. 언제 사회안전과 평화가 찾아오는가는 너무나도 중요한 것이지만 그 방향을 가늠할 길 없이 큰 혼미한 상황에 빠져 있다. 그러나 그 순간에도 표면적으로 변화하는 몇 가지 상황을 중심으로 좋아지고 있고 더 좋아질 것이라는 낙관론이 대세다.

> 중동 선교전문가들은 안정적 중동 선교의 확장을 위해서는 구호단체를 통한 선교활동과 더불어 비즈니스 선교활동을 강화해야 한다는 의견을 제기하고 있다.(〈한국성결신문〉, 2004년 3월 13일자)

이라크 지원사역이 한창이던 시기에 한국의 파송 선교단체들조차 NGO를 통한 선교 모델을 수용하고자 노력했다. 현장 선교사 중 일부는 기독교 NGO의 구애를 받으면서 이라크 NGO 사역에 참여하기도 했다. 그런데 NGO 사역 경험이 있었거나 준비된 선교사도 있었지만 의외의 경우도 있었다. 기업체 직원으로 이라크로 들어가는 경우도 있었다. 그러나 이라크에 들어가서 직장인으로서 자리매김을 하는 면에서는 성공했을지 모르지만, 고용된 직장에 매여 정작 현지인들을 품을 기회는 갖지 못한 경우도 있었다. 이라크로 들어가 체류할 목적으로 이라크 NGO 사역이나 취업을 받아들인 경우는 보다 근본적인 생각 없이 즉흥적인 판단과 붐을 따른 행동으로 평가할 수 있다.

아울러 이라크 향후 전망을 너무 기독교 확장이라는 면에서 바라보는 경향도 보인다. 보다 중장기적인 다양한 요인들에 대한 평가나 전

차량 폭탄 사고로 파괴된 자동차와 그 주변을 경계중인 미군.(이라크 바그다드)

망에는 어두웠던 면이 보인다.

이들 선교사는 향후 이라크 선교사역에 대한 전망은 밝은 편이라고 진단했다. A선교사는 "전쟁으로 독재정권이 몰락하면서 이라크 사회 전반에 새로운 변화가 일고 있는 상황이기 때문에 기독교 선교가 이전 보다 훨씬 활발해질 것"이라고 전망했다. B선교사는 나아가 전후 이라 크 선교활동에 있어서 한국이 미국보다 우위에 있다고 밝혔다. 그는 "미국과 영국에 대한 이라크인들의 분노는 쉽게 사그라들지 않을 것이 기 때문에 미ㆍ영 선교사들의 이라크 선교사역은 제한적일 수밖에 없 다"라며 "이런 점에서 한국인 선교사들의 이라크 선교활동은 상대적으 로 자유로울 것"이라고 내다봤다.(《국민일보》, 2004년 4월 7일자)

이라크 전망 자체가 불투명해 정확한 진단을 내리는 것은 쉽지 않다. 그럼에도 불구하고 현장 선교사들의 주장은 마치 그것이 전부인 듯 받 아들이는 추세다. 이라크 상황은 갑자기 나빠진 것이 아니라 상황이 악 화될 수 있는, 예상하던 변수가 그대로 적용되어 나타난 것이다.

중동 지역 선교에 대한 관심이 이전에 비해 높아지고 있다. 그러나 이런 관심에 걸맞게 정확한 현장분석과 대안 마련에 뒤이은 선교전략 과 선교사 배치가 이뤄져야 할 것이다. 중동 선교현장에 보낸 선교사 들은 많지만 파송 선교단체나 교단에 작전 참모실은 가동되고 있지 않 다. 혼자서 모든 것을 판단하고 북치고 장구치듯 다해야 한다. 이것은 모순이다.

선교사인가, 실업자인가

IMF가 터지면서 고학력 실업자를 양산했다. 능력이 없어서도 아니고 '일자리가 없어서도 아닌', 적절한 직장이 없어서 실업자가 된 이들이 많았다. 중요한 것은 적절한 일자리에 적합한 사람이 일을 하도록 하는 것이 고용의 기본원칙이 아닐까? 2004년 현재, 1만 2천여 명 이상의 한인 선교사가 사역중이라고 한다.

그러나 실상, 얼마나 많은 이들이 선교지에서 적절하게 사역하고 있을까? 현지인들이 볼 때 무식자나 고학력 실업자로 오해를 받지 않는 이들이 얼마나 될까?

"매달 그 많은 생활비를 누가 대줍니까?"

"나이가 그렇게 많이 들었는데도 부모님이 도와주십니까?"

적절한 곳에 제대로 배치받지 못한 사역자들은 어쩔 수 없이 현지인들로부터 정체성을 의심받게 되고 자신의 역할에 대한 곤혹스런 경험을 하게 된다. 그렇지만 이들이 다른 곳에, 또는 같은 지역의 다른 역할에 배치된다면 '날고 뛰며 일할' 것이다. 그래서 적절한 인사배치, 전략적 배치가 중요한 것이다. 선교의 전략적 배치는 선교사와 선교지(그 사람들)를 적절한 역할로 묶어 줌으로 역량을 극대화하는 전략이며 대안이다. 그런데 문제는 선교지와 그 사람들에 대한 현장조사와 연구가 미진하거나 전무한 가운데 일방적으로 사람을 비인격적인 형태로 배치해 온 관행에 있다. 어렵다는 아랍어를 전공한 사역자가 아랍어를 거의 못 쓰는 지역에 배치한 경우도 그 한 예가 될 것이다. 또한 각 사람의 은사와 재능, 경력과 소명을 중시하기보다 단체의 프로젝트를 중심으로 움직이는 관행도 재검토해야 한다. 선교사역에 있어서 중요한 것은 학력이나 조건이 아니다. 이른바 '신지식인'으로서의 사역자가 필요한 것이다. 신지식인이 제 기능을 발휘하려면 적절한 곳, 적합한 역할이 주어져야 한다.

"알아서 해야 한다고 했어요. 사실 선교 본부에서 이곳 사정을 잘 몰라요. 저희 가정이 처음이거든요. 도움이 필요할 때 부탁을 해도 전혀 힘이 안 돼요."

중동에서 사역중인 한 후배 선교사의 고민이다. 하나님은 시간을 낭비하시지 않는데 우리는 선교 자원의 능력을 낭비하고 있는 것은 아닐까? 적절한 배치가 이뤄지지 않은 사역자들은 자의든 타의든 고학력 선교 실업자가 되곤 한다. "당신 뭐하는 사람이오? 그 나이에 아직도 그러고 있습니까?"라고 묻는 현지인들의 질문에 자신 있게 대답할 수 있도록 파송 단체들은 노력해야 할 것이다. 이것은 배치된 한 사람 한 사람 선교사의 과제가 아니라 파송 단체의 책임이다.

중동 지역에 들어와 처음 2~3년간은 언어를 배우기 위해 그냥 지나갈 수도 있다. 후원자뿐만 아니라 자신도 크게 고민할 것이 없다. 언어 습득이 관건일 뿐이다. 그러나 그 시기를 지나고 나면 이제는 빨리 열매를 맺어야 한다는 선교사 자신의 부담감과 주변의 눈치가 느껴진다. 그런 외중에 다른 동료 사역자의 사역 모델을 벤치마킹하거나 비슷한 것을 만들어 자신의 사역인 양 기도편지에 소개하기도 한다. 자기 사역이 아니고 다른 동역자의 사역을 거들어 주면서도 마치 자기가 주도하는 사역인 양 포장하는 경우들도 적잖이 목격한다. 나도 그런 충동을 받은 적이 한두 번이 아니다. 스스로 강박관념에 사로잡혀 뭔가 일을 저지르고 싶은 충동과 고민을 격은 적이 많았다.

그런 면에서 선교단체의 난립은 바람직한 일이 아니며, 비슷한 기능을 가진 기구들이 늘어나는 것도 지양해야 할 것이다.

2004년 선교한국대회를 비롯한 각종 선교 수련회와 대회장에는 단체를 소개하는 부스가 설치되어 있었다. 새로운 단체들도 눈에 띄었다. 선교의 전문화 현상인가, 분리와 난립의 결과인가 당황스러웠다.

선교에서 적절한 경쟁은 필요하다. 그렇지만 무분별한 경쟁이나 중복투자는 금기사항이다. 일부 신생 단체의 경우 선교의 전문화 시대에 걸맞는 모토와 전략을 갖추고 있기도 했다. 바람직한 모습이었다. 그렇지만 이와 같은 단체들이 많지 않다는 데 안타까움을 느꼈다.

국내 자생 단체이건 해외에서 유입된 국제 단체이건, 새로 시작하면서 나름대로의 명분과 타당성을 주장한다. 그러나 어떤 면에서 기존에 있는 단체들이나 기구와 전혀 차별성도 독특함도 없는 모임들이 늘고 있는 것이 현실이다. 조금 큰 단체는 '○○연구소' 같은 것을 두고 있다. 그러나 그 단체보다 훨씬 이전에 더 효과적인 사역을 하고 있는 모임들이 한둘이 아닐 때가 많다. 이것은 필요 이상의 중복과 경쟁이라고 비판을 제기하면 언제나 '부르심'을 강조한다. 즉, 하나님이 그런 비전과 인도하심을 주셨다고 한다. 그 뒤로는 더 이상 대화가 이어지지 않는다.

그러나 한 단체가 모든 기능과 역할을 갖추고 사역할 이유는 어디에도 없다. 기존에 있는 건전한 단체, 코드가 유사한 기구와 모임들의 인프라를 협력하고 활용하면 중복과 경쟁을 막을 수 있는데 현실은 그렇지가 않다. 일련의 선교대회를 통해 포괄적인 조직으로서의 선교지 정보 수집과 가공, 인력 배치를 위한 전략적 제휴기관이 필요하다고 주장했다. 정말 이 대목은 주목하여야 할 부분이다. 포괄적 조직의 출현은 여러 면에서 효과적인 역할을 할 수 있을 것이다. 물론 교단이나 파송 단체들이 얼마만큼 자신들을 개방하고 인력을 교류할 것인가의 과제가 남지만 한 단체가 연구와 훈련 파송을 독점하는 형태를 벗어나서 연구 훈련 파송 관리들을 전담할 수 있는 포괄적 조직들이 신설되거나 기존 단체들이 특성화된다면 한국 선교의 당면과제인 전략적 배치 문제를 해결할 수 있는 가닥을 잡을 수 있다.

실패 없는 단기선교

해마다 여름과 겨울이면 수많은 교회와 단체, 개인들이 해외 곳곳에서 단기선교에 나선다. 가깝게는 중국과 일본, 멀리는 아프리카까지 발걸음이 닿았다. 중동에서 사역하는 한 후배 사역자는 어느 해 여름에만 8개 팀을 맞이했다. 내가 머물던 요르단의 경우도 다양한 단체와 교회에서 제 나름대로의 명분을 내걸고 이 땅을 밟고 지나갔다. 이런 모습을 접하면서 기쁨도 있지만 아쉬움도 적지 않다.

주지하다시피 한국 교회에 단기선교 붐이 일기 시작한 것은 지난 1990년대 초이다. 이 단기선교 붐은 단기선교사를 중심으로 사역하는 일부 국제단체의 활동에 힘입은 것이기도 하다. 그로부터 또 10년이 흘렀다. 적잖은 세월이 흘렀는데도 여전히 단기선교 프로그램은 그 주관하는 단체나 참가자들의 다양한 명분에도 불구하고 초보적인 수준에 머물러 있다.

"선교사님, 저희들 좀 도와주시겠어요. 이번에 요르단을 단기사역차 방문하는데 도울 손길이 없어서요. 마땅히 연결할 선교사님도 모르고 그곳 상황도 전혀 몰라서요."

급하게 이메일과 전화 연락을 받았다. 30여 명의 단기팀이 요르단을 방문하겠다는 것이다. 왜 오는지, 와서 무엇을 하려는지, 무엇을 할 수 있는지 등등에 대하여 이것저것 점검하였다. 내키지 않았지만 이미 오겠다고 결정하고 비행기표까지 예약해 놓은 것을 말릴 방법이 없었다. 와서 제대로 보고 잘 지내다 가야 하는 것은 아닐까 싶어 힘닿는 대로 도와야 했다.

해마다 여름과 겨울방학 때면 수많은 단기팀들이 중동 곳곳으로 출정(?)한다. 현지 사역자들은 이 모양 저 모양으로 단기팀들을 수발하느라 분주하다. 방학 기간 내내 단기팀들 심부름 센터 역할을 하느라 눈코 뜰 새 없이 바쁜 사역자들도 많다. 단기팀을 보낸 단체나 개인들은 큰 감동과 수확을 거뒀는지 모르지만…….

아쉽게도 수많은 단기팀 중 일부만이 알차게 제 몫을 하고 돌아간다. 사실 단기팀들의 보고만 다 모아도 아마 전 세계는 이미 복음화되어 있을 것이다. 이미 다 이뤄졌다고 선포하고 고백했는데, 왜 또 팀을 보낼까?

좋은 것을 말해야 덕이 될 텐데 이런 부정적인 것만 부각시키면 좋지 않다는 생각을 나도 한다. 그렇지만 아쉬운 일들이 더 많이 벌어지고 있는 현실 속에서 잘했다고 말할 수도 없는 노릇이다.

그럼에도 불구하고 단기선교팀 보고치고 실패는 없는 듯하다. 언제나 성공적이었고 하나님의 영광을 위하여 요긴하게 쓰임받았다고 평가된다. 그러나 선교의 열매는 우리의 강한 확신의 정도에 비례하는 것이 아니다. 아래의 보고문을 보면서 어떤 평가를 내릴 수 있을까?

팔레스타인과의 접전으로 긴장감이 감도는 그 땅에 한국의 어린 십대들이 들어왔다는 소식들은 예루살렘의 유대인들을 흥분시켰고 수많은 유대인들이 "이스라엘에서 어떤 일들이 벌어지고 있는지 저 아이들의 부모들은 알고 있느냐?"라고 물었습니다. 벤야후다 거리에서 위험을 무릅쓰고 찬양집회를 통한 거리 전도를 하며 유대인들을 하나님의 마음으로 축복했을 때 눈물을 흘리며 기뻐하는 그들의 모습 속에 나타난 하나님의 형상은 정말 아름다웠습니다. 우리는 광야 행군과 사해, 쿰란 동굴, 요단 강, 갈릴리 호수, 유대인 회당, 키부츠에서 현지 유대인들과 식사, 베드로 장모의 집터, 유대인들의 회당, 오병이어의 기적이 있었던 타부가로, 홀로코스트 기념관, 예루살렘 성에 들어가 비아돌로로사와 통곡의 벽, 그리고 예수님께서 승천하셨고 다시 재림하신 올리브 산에도 갔었습니다. 우리는 이곳을 돌아보며 과거의 유적지를 본 것이 아니라 현재 하나님이 성경의 약속들을 이루시고자 일하시는 것을 볼 수 있었습니다. 홀로코스트 기념관에 가서는 모든 열방에서 2000년 동안이나 흩어 지내던 이스라엘을 모으시기 위한 하나님의 사랑이 히틀러를 통해 6백만 유대인 학살로 드러난 것임을 알고는 놀라움을 금하지 못했습니다.(T선교단체의 2001년 중동 단기선교 보고문 중에서)

이 단체가 언급하고 있는 방문 장소들은 일반적인 이스라엘 성지순례 코스이다. 이들이 만난 것은 성지가 중심일 뿐 이스라엘과 팔레스타인인들의 삶의 중심지는 아니었다. 이런 식의 단기선교 프로그램들을 많은 단체에서 제공하고 있다. 성지순례 코스를 방문하면서도 단기선교를 할 수 있다는 점을 애써 부인하고 싶지는 않다. 그러나 단기선교는 선교현장을 보다 구체적으로 만날 수 있는 자리가 중심이 되어야 할 것 같다. 성지순례도 하고 단기선교도 할 수 있는 일석이조의 기회를 미끼로 삼아서는 안 될 것이다. 사실 성지순례를 간다고 하면 교회나 주변에서 후원이 별로 없지만 단기선교는 그런대로 후원을 받을 수 있다는 면에서 일석이조로 요긴할는지 모른다. 명분과 실리를 안겨 줄 수 있기 때문이다.

선교팀은 아울러 하나님의 성회 총회장, 나사렛교회 총회장, C&MA교회 총회장, 지하교회 지도자 등 요르단 교계 지도자들

과 만남의 시간을 갖고 모슬렘 복음화 전략에 대해 의견을 교환
했다. S목사는 이라크 교계 지도자들에게 예수님의 방법을 사
용할 것을 권고했다. 유대교의 탄압, 로마정권의 박해, 지중해
연안의 잡신들 속에서도 복음이 전염병처럼 세계에 퍼질 수 있
었던 것은 예수님께서 제자훈련을 시켰고 성령세례를 받게 했
으며 초대교회가 가정교회 중심으로 복음을 전파했기 때문이라
고 강조했다.(〈국민일보〉 2004년 4월 1일자)

요르단을 찾은 한 선교단의 보고에 나오는 대목이다. 단기선교팀들
의 보고만 읽는다면 선교는 이미 다 완료된 것 같은 착각이 든다.

선교하는 시혜자 입장이 아닌 상대방의 입장이나 다른 관계자의 시
각에서 우리의 단기선교운동이 평가될 필요도 있을 것 같다. 이집트
카이로의 한 개신교회 목회자는 한국의 단기팀들을 이렇게 평가했다.
2004년 1월 초에 만난 한 목회자의 아픈 기억을 옮겨 본다.

"한국의 단기사역자들은 마치 행군하는 병사들 같다. 얼마 전 만난
한국의 한 교회에서 온 단기팀들의 모습은 정말 문제였다. 줄지어 유
니폼을 입은 채로 행진하는가 하면, 피자헛 같은 공공장소에서 알아듣
지 못할 말로 이 땅의 백성을 위하여 축복한다고 방언한다. 인솔자는
물론 30여 명 가까운 일행 중 영어로 기본적인 의사소통이나마 가능
한 이들은 2~3명에 불과했다. 청년대학부 목요찬양집회에 참여한 이
들은 피곤에 절어 있었다. 사연인즉, 그날 새벽 인솔자가 무슨 하나님
의 부르심을 받고 일행을 이끌고 시내 산을 다녀왔다고 한다. 그 먼 거
리를 다녀왔으니 지쳐 있는 것은 당연했다. 도움이 필요하다고 해 갔
더니 비용을 절감할 수 있는 방법에 대하여 물어 왔다."

우리의 입장에서는 모든 것이 덕스러운 것일지 모르지만 잠재적인

동역자들과 현지인들의 입장에서는 걸림돌이 될 수도 있고, 거친 돌이 될 수도 있다. 확신하듯 일이 잘 되었다고 고백하는 것만으로 현지에 남겨진 흔적들을 정당화할 수는 없다.

수십 수백 명의 단기선교 참가자들보다 한 사람의 장기사역자가 더 효과적이라는 말은 어느 정도 사실이 아닐까 싶다. 해마다 단기사역팀들은 현지의 사역을 돕고 경험도 쌓을 겸 발걸음을 옮기고 있다. 그러나 많은 경우 단기팀들의 명분과는 달리 자족적인 경험 쌓기 차원에서는 성공할는지 모르지만 지역을 배우고 현지에서 진행중인 사역이나 장기사역자의 사역을 돕는다는 명문에 걸맞지 않게 오히려 사역에 지장을 주거나 번거로움을 안겨주는 경우가 더 많다. 장기사역자들 중에는 해마다 단기팀을 맞이하는 것으로 분주해 자신의 사역에 지장을 받는 경우를 본다. 물론 단기팀 지원사역을 하나의 사역으로 볼 수도 있지만, 장기사역자들 나름대로의 사역을 진행중인 때에는 번거로운 경우도 많다.

단기팀들에 투입되는 비용이라면 이미 진행중인 많은 사역들을 정말 알차게 지원할 수도 있고, 더욱 알찬 섬김의 기회를 통해 현지인들이 누릴 혜택이나 축복의 기회도 아쉽게 지나치는 것 같아 안타깝다. 한 장기 열 단기 안 부럽다. 교육을 위하여 단기팀을 보내는 것도 중요하지만 알찬 사역을 전개하고 있는, 재정적이나 다른 면에서 어려움을 겪는 이들을 지원하는 것으로 교육의 기회를 삼을 수도 있을 것이다. 치어(稚魚)를 키워 대어(大魚)로 만드는 것도 즐거움이지만 대어를 통해 치어들을 교육하는 것도 의미 있는 일이다. 선교는 선교가 되도록 돕는 것이 가장 우선이기 때문이다.

땅만 밟는 '땅 밟기'는 가라

교회와 선교단체들은 선교지에 대한 얼마만큼 올바른 이해를 갖고 있을까. 수차례 중동을 방문하던 한 팀이 떠오른다. 30~40여 명 된 큰 규모의 단체인데다가 체류 기간도 한 달여나 되었다. 요르단을 거쳐 이집트로 가기 전에 대화를 나누는 자리에서 충격을 받았다.

"이집트에는 교회가 전혀 없다면서요. 예배도 마음대로 드릴 수 없고요."

다른 여타 중동 국가에 비해 이집트는 복음주의 교회들의 왕성한 활동이 단연 두드러지는 곳이다. 전 기수들의 비전을 전수받아 왔을 터인데 이 단기팀은 이집트에 교회가 없다고 알고 있다. 이렇게 난감할 수가 없었다. 앞서 이집트를 방문한 전 기수는 그곳에서 한 달여를 머무른 바 있었다. 그렇다면 한 달 이상 머물면서 그곳에서 무엇을 보고 겪었단 말인가?

올바른 성경 이해와 현지 배려 없이 행하는 '땅 밟기와 선포'는 의미가 반감되고 있다. 2004년 겨울, 카이로 시내 중심지의 한 피자헛에서 한 무리의 한국 젊은이들이 피자를 시켜 놓고 통성으로 방언기도를 했다. 이 땅의 백성을 축복하고 악한 영들을 대적하기 위함이었다. 그들을 바라보던 현지인들은 당혹감을 감추지 못했다. 수천 수만 명의 한국 기독교인들이 한 도시를 집중적으로 기도하면서 행진했다. 기독학생들이 캠퍼스 곳곳을 돌면서 선포하고 찬양하고 행진했다.

"이 캠퍼스를 내게 주소서……. 이 산지를 내게 주소서……. 이 땅을 내게 주소서……."

삶의 자리가 아닌 땅만 밟고 지나가는 '땅 밟기'가 많다.

"네가 밟는 땅을 네게 주리라…… 너로 인하여 그 땅의 족속들이 복을 얻을 것이라"(창 12:2, 3, 수 1:3).

많은 사람들이 내세우는 '땅 밟기'의 근거가 되는 성경구절이다. 그러나 안타깝게도 선교지에서 '땅만 밟는' 이들의 일과성(一過性) 움직임을 종종 보게 된다. '다 잘할 수는 없지 않는가' 하고 스스로 위안할 수도 있지만, 그것이 하나의 유행이나 흐름으로 이어진다면 아쉬움만 토로할 일은 아니다. 땅 밟기는 땅만 밟는 것이 아니라 '삶'이다. 땅 밟기, 성경에서 말하는 땅 밟기는 땅만 밟고 구름에 달 가듯이 가는 나그네처럼 가 버리는 그런 행진을 의미하는 것은 아니다. 성경이 말하는 '땅 밟기'는 '생활'을 뜻한다.

'땅 밟기' 운동의 원조라 할 수 있는 아브라함을 살펴보자. 이라크 남부의 갈대아 우르를 떠나 그가 밟는 땅을 그와 그 후손에게 주리라고 한 약속을 듣고 '땅 밟기'를 시작한다. 하란에서, 다메섹에서, 브엘세바에서, 애굽에서 아브라함은 그 땅의 족속들과 더불어 살았다. 그로 인해 애굽 왕 바로나 가나안 왕 아비멜렉 같은 이들에게 복을 얻기도 했고 낭패를 당하기도 했다. 아브라함의 조카 롯은 땅 밟기의 타산지석으로 삼을 만한 본보기다. 롯으로 인해 소돔과 고모라를 비롯한 평지 성읍 백성이 누리거나 얻은 것은 없었다. 롯은 그들의 멸망에 직면해 제 몸 하나 겨우 추스르고 천사들 덕분에 그 땅을 등지고 나와야 했을 뿐이다.

다니엘이나 에스더, 요셉 같은 인물을 굳이 떠올리지 않아도 그 땅의 백성이 복을 받은 예는 부지기수다. 아울러 이집트 체류중인 야곱의 후손들도 출애굽을 할 때 허다한 잡족들과 더불어 그 땅을 나올 수 있었다. 복의 통로가 제대로 역할을 다하면 그 땅의 족속들은 평화를 누릴 수 있지만, 복의 근원으로 보냄받은 믿음의 사람들이 제 구실을 못하면 그 땅의 사람들은 안타까운 경험을 해야 했다.

땅 밟기의 바른 의미는 그 땅 자체가 아니라 그 땅의 사람들을 품는 과정이고, 품고 사는 삶 그 자체라고 본다. 더불어 살아가는 삶이 없는 이벤트성 움직임들은 그 일을 하는 이들에게는 큰 감동일지 몰라도, 현지 생활인들에게는 아무런 도움도, 아무런 감흥도, 아무런 확신도 아니며, 전혀 무관한 이벤트일 뿐이라는 것을 다시 한 번 생각해야 할 것이다.

땅 밟기의 핵심은 그 땅의 백성을 향한 하나님의 관심을 내 안에 품고, 그 땅 사람들의 삶의 자리에 함께 서 보는 것이기 때문이다.

> 팔레스타인인들에게 이번 행사는 큰 힘이 됐다. AP와 로이터통신 등 외국 언론은 물론 이스라엘 제1텔레비전 등 현지 언론들이 이번 행사에 깊은 관심을 보였다. 왜 이들 언론이 주목하겠는가? 이스라엘 땅에 평화가 오게 하기 위한 작은 씨앗이었다고 평가될 것이다.(예루살렘 평화행진 결산 대담 중, 〈국민일보〉 2004년 8월 22일자)

그러나 통일교나 다른 단체에서 예루살렘에서 대규모로 진행한 집회에도 이와 비슷한 현지의 반응들은 있었다. 이스라엘과 팔레스타인 자치정부의 배려와 지원도 그때나 이제나 다를 것이 없다. 이 모든 것을 아전인수식으로 행사 자체의 정당성이나 열매를 강조하는 면에 사용하는 것은 무리가 있다.

'선포' 운동은 '땅 밟기' 운동의 또 다른 면이다. 좀 이상한 모양으로 땅 밟기를 주장하고 선포의 신학을 외치는 이들에게 그 근거가 무엇이냐고 물으면, 흔히 여호수아의 여리고 작전을 언급한다. 그러나 과연 선포운동은 여리고 성 돌기에서 그 근거를 찾을 수 있는 것일까? 전쟁은 여호와께 속한 것이라는 고백은 어떤 의미를 지니는 것일까?

여리고 성 돌기 작전은 여러 면에서 인상적이다. 얼핏 보면 여리고 성을 보면서 전의를 다지고 승리를 미리 맛보는 그런 행진이 있었던 것으로 생각한다. 그러나 성경은 우리의 기대와 다른 마음을 담고 있다. 이상하게도 하나님께서는 이스라엘 백성이 침묵하도록 요구하신다. 첫째 날, 둘째 날은 물론이고 칠일 동안 여리고 성을 도는 과정에서 도무지 혀도 놀리지 말라고 하신다.

"너희는 외치지 말며 너희 음성을 들레지 말며 너희 입에서 아무 말도 내지 말라 그리하다가 내가 너희에게 명하여 외치라 하는 날에 외칠지니라"(수 6:10).

성을 돌면서 긴 침묵이 흘렀다. 긴 침묵 속에 성 돌기를 마치고 제사장들의 나팔 소리가 울리자, 일제히 외치는 것 그 이상도 이하도 아니었다.

여기서 주목하고 싶은 것은 '하나님이 요구하신 침묵의 의미가 무엇인가'다. 견고한 여리고 성을 지키는 악한 영들을 힘껏 대적하고 그들을 결박하기 위한 '선포'를 해야 할 것 같은 순간에 지시하신 하나님의 침묵 명령! 그것이 진정한 의미의 땅 밟기와 선포에 대한 말씀이시다. 우리의 혈과 육으로 하나님의 약속을 성취하는 것이 아니라 하나님이 주도하심으로 땅을 차지하는 일이 이뤄진다는 것을 의미한다. 악한 영들을 대적하는 것이 우리가 선포하는 목소리의 크고 작음에 좌우되는 것도 아니고, 우리가 그 땅을 힘 있게 밟느냐 살짝 밟느냐 하는 그 몸짓에 좌우되는 것도 아니다.

여리고 성을 돌라고 명령하신 하나님께서는 성을 빼앗고 땅을 회복하는 그 일이 다른 여타 민족과 족속이 하듯 무기나 군사에 좌지우지되는 혈과 육의 싸움이 아님을 보여 주시고자 한 것 같다.

선교현장에서 덕을 세우는 지혜와 상대방에 대한 배려가 필요하다.

그런데 그런 자세가 부족해 보인다. 땅 밟기에 대한 묵상을 하면서 느헤미야가 떠오른다. 느헤미야, 그에게는 하나님이 주신 비전이 있었다. 무너진 성을 재건하고 성전을 회복하는 것이었다. 그는 왕을 설득하고 마침내 예루살렘 지역의 총독이 되어 금의환향하게 된다. 느헤미야에게는 비전이 있고, 권력이 있고, 왕의 은총도 입고, 필요한 물품도 공급받을 루트도 있었다. 그런데 묘하게도 느헤미야는 이 모든 일을 도무지 입 밖에 내지 않았다. 그러던 어느 날 깊은 밤중에 그의 비서관 두세 명을 데리고 성을 돌았다. 샅샅이 살펴보았다. 그런 뒤에야 예루살렘이 어떻게 파괴되었는지, 어떻게 회복되어야 하는지를 의논했다. 예루살렘 성을 이같이 파괴한 악한 영들에 대하여 대적하고 거룩한 영적 전투를 선포하지도 않았다. 예루살렘이 파괴되었다는 소식을 듣고 먹고 마시는 것을 끊을 만큼 안타까워했고, 그곳에 돌아와 그 누구보다도 재건에 대한 열망과 갈망으로 목말라한 느헤미야, 그의 땅 밟기는 여러 가지를 생각하게 한다.

하나님께 속한 것임에도 회복되지 않은 땅과 그 땅의 백성을 보면서 우리는 안타까움을 느낀다. 그 사랑이 있기에 우리는 일방적인 선포와 외침이 아닌 하나님의 마음에 조용히 집중해야 할 것이다. 땅만 밟고 지나가는 외침의 신학이 아닌 그 땅을 품고 그들의 입장에서 하나님 앞에 그 마음을 토로하는 다른 형태의 외침, 즉 침묵이 필요한 것이다. 자칫 '선교지', 즉 복음이 필요한 땅의 백성이 우리의 땅 밟기와 선포하는 몸짓을 보고 오해를 하지 않도록 해야 한다. 하나님은 이 땅에 '사시는 것처럼' 가현(假現)된 것이 아니었다. 이 땅에서 땅을 밟고 사셨다.

선교지에서의 땅 밟기가 음력 정월 초사흘 날부터 보름까지 행하던, 지신을 진압하고 잡귀를 쫓아내어 마을과 가정에 평강과 안녕을 바라던 마당 밟기의 전통 행사와 비슷한 것으로 치부되지 않기를 바란다. 우리의 열정과 사랑의 마음도 상대가 알아들을 수 있는 모양과 내용으로 전해야 한다. 덕을 세우는 지혜와 상대방에 대한 배려가 없으면 그 의미가 반감될 수 있다.

"이른 아침에 큰 소리로 그 이웃을 축복하면 도리어 저주같이 여기게 되리라"(잠 27:14)는 교훈은, 오늘 우리들에게도 꼭 필요한 지혜의 말씀이다.

선교한국대회 참가는 통과의례

선교한국(각 지역에서 열리는 정례 선교대회를 총칭하여 사용)은 누가 뭐라고 해도 가장 대표적인 한국 선교의 동원현장이고 조직이다. 그 무대를 통해 많은 이들이 선교에 헌신했고 지금도 전 세계 곳곳에서 섬김의 행진을 계속하고 있다. 지금과 같은 폭발적인 선교운동의 원동력이 되어 준 선교한국, 그 헌신의 용광로인 선교한국 수련회를 통해 선교현장에 나온 이들을 직·간접적으로 만나고 있다. '선교한국(Mission Korea)'이 선교(하는) 한국의 구심력으로 자리하고 있는 것은 무시할 수 없는 사실이다. 아울러 한국 선교가 극복하여야 할 과제인 '사역의 과장'과 '거품 선교'의 홍보 전장터 구실을 하고 있다는 비판도 부인할 수 없을 것이다. 선교한국 등을 통해 접한 과장과대 광고로 인해 자기에게 맞지 않은 단체나 사역지와 연결되어 겪지 않아도 좋을 고민과 어려움을 겪는 이들도 있다. 지금 이 대목에서 선교한국의 책임과 한계를 논할 의도는 없다. 오히려 선교한국 수련회 참가자들의 주의를 당부하고 싶은 것이다.

선교한국은 수련회 참석자들은 물론이고 이들 참석자들이 속한 교회나 단체에 큰 영향을 끼친다. 그래서 선교한국을 통해서 유명해진 단체와 개인들은 이제 전국적인 유명인사가 될 수 있다. 새로이 시작한 단체라고 해도 홍보 전략이 잘 맞아 들어가면 신생 단체의 위치를 넘어서 금세 영향력 있는 단체로 변신할 수도 있다. 이런 잠재력 때문인지 선교한국은 각종 단체와 개인들의 홍보전장터 같다는 인상을 받곤 한다. 그 전쟁터에서 발견되는 허위와 과장과대 선전, 현실 왜곡의 사례들은 선교현장을 아는 이들의 눈살을 찌푸리게 하지만 그것이 개선될 여지는 없어 보인다. 이른바 공공연한 오류조차도 잘 포장해 멋있는 사역열매로 소개하기도 한다. 선교현장에서 만난 후배 사역자들 중에는 선교한국에서 만나고 들었던 것과 현장이 너무 다르다는 이야기들을 하는 이들도 적지 않다. '이상'과 '현실' 사이의 차이가 아니라 포장지가 벗겨져 실체를 접하게 됨으로써 겪는 당혹감일 것이다.

C프로젝트 사역의 조력자로 자원한 E단기사역자는 B국에 입국했다. 그러나 실체를 알게 된 C프로젝트는 거품일 뿐이었다. 갈등을 겪다가 이집트로 돌아가야 했다. 선교한국을 통해 G단체를 알게 되고 선교사로 헌신하여 중동 H국에 입국한 I, J 두 선교사는 사역지에서 G단체를 둘러싼 진실을 알게 되었다. 얼마간 시간이 흐른 뒤 I, J 두 선교사는 G단체를 떠나 K단체로 허입절차를 다시 밟아야 했다. 과대광고로 인해 피해를 본 사례이다.

선교한국을 비롯한 선교대회에서 단체나 선교사 개인, 강의를 접할 때 이런 것을 염두에 두었으면 한다.

첫째, '정말 그런가? 과연 그럴까?' 라는 질문을 멈추지 말라. 혹여 있을 과대포장이나 과잉광고에 현혹될 수 있기 때문이다. 이 기본적인 질문은 계속해야 한다. 강의는 감성으로 수용할 것이기도 하지만 이성의 안테나를 최대로 작동하고 주의를 기울이라.

둘째, 근거 자료가 있는가? 강사나 단체의 신념 섞인 주장에 끌려 다니지 말아야 한다. 심증이 아니라 물증 제시를 요구하는 것이 중요하다. 특별히 문명간의 충돌을 조장하는 발언에 유의하라. 특히 이것은 이슬람권 선교 관련 강의를 들을 때 유의할 대목이다. 마치 모든 무슬림들이 일치단결하여 서구를 대적하고 한국을 이슬람화하기 위하여 동분서주하고 있는 것처럼 말한다면 그 근거를 요구해 보라. 예를 들어 서구가 이슬람화되고 있으니 경계를 늦추지 말라고 주문한다면 서구 기독교인들이 이슬람으로 강제 개종되고 있는지, 무슬림 불법 이민자들의 유입은 얼마나 되는지, 그들 중 기독교 신앙을 받아들인 이들은 얼마나 되는지 질문하라.

셋째, 입장을 바꿔 생각하라. '나'라면, '우리나라'라면 어떠했을까? 이것은 중요한 도구이다. 피선교지 상황을 특별한 시각으로만 보는 것은 문제이다. 우리가 겪은 역사나 정서를 통해서도 피선교지를 잘 이해할 수 있다. 최소한 이해할 수 있는 '틀'은 제공받을 수 있다. 모든 한국 그리스도인들이 소위 '종교적'이지 않은 것처럼 피선교지 사람들도 동일하다. 그들도 우리와 성정이 같은 사람들임을 기억하라. 이것을 부정하는 듯한 논리와 강의에 주의하라.

넷째, 오늘날 시대도 사람도 변하지 않았는가. 이것은 중요한 것이다. 선교 정보는 현장성도 중요하지만 시의성도 중요하다. 묵은 정보가 새로운 상황에 힘을 쓸 수는 없기 때문이다. 이라크의 경우를 예로 든다면, 내가 직접 다녀온 지난해 봄과 올 봄이 달랐고 지금도 상황은 변하고 있다. 이른바 과거 역사는 변한 것이 없지만 사람을 둘러싼 환경은 계속 변하고 있다. 전략은 과거로 쏘아 올려지는 미사일일 수 없다. "내가 현장에서 보니……" "내가 가서 보았더니……" 이런 이야기를 듣게 될 때 '지금'에 주목하라.

다섯째, 다른 단체 다른 사역자들이 맡으면 안 되는가? 특정 단체만이 유일한 사역체인 것처럼 주장하는 이들이 있다면 다른 단체나 다른 나라 사람들은 어떻게 사역하고 있는지 반문하라. 선교는 함께 이뤄 가는 것이지 고립된 신앙의 이름으로 왜곡된 민족주의나 단체 지상주의는 아니다. 현지인들의 해당 단체나 사역에 대한 냉정한 평가를 들었는지 물어 보라.

선교사의 전략적 재배치라는 묵은 과제는 해결해야 할 산이다. 이를 위해 거품 제거는 뜨거운 감자가 될 수 있다. 그러나 이미 일부 단체에서는 거품을 걷어 내고 스스로 내부수술을 단행하는 바람직한 사례들도 있다. 선교한국의 대표선수 '선교한국'이 개인이나 단체가 만들 수도 있는 과장과대 거품광고에 제동을 걸 수 있는 역할을 감당했으면 하는 바람이다. 그 참가자들이 바른 선택, 바른 투자와 헌신, 바른 섬김으로 나아갈 수 있도록 말이다. '본 수련회에서 다뤄지는 강의나 단체 소개는 해당 개인이나 단체의 의견을 나타내는 것으로 선교한국의 공식적인 입장이 아닐 수도 있다'는 생각을 하고 있지는 않은지. 지금도 과장과대 거품광고가 선교헌신자들의 바른 선택을 제한하고 있을지도 모를 일이다. 선교한국 수련회라는 용광로를 통과하려는 헌신자들이 몰려든다. 현명한 선택, 바른 결단, 아름다운 섬김으로 그 발걸음이 이어지길 바라는 바람이 가득하다.

세계 언론의 관심이 된 한국 교회

〈뉴욕타임스〉(2004년 11월 1일자)와 BBC(2004년 5월 6일자) 등에 한국의 중동 선교 관련한 특집기사들이 실렸다. 한국 교회의 중동 선교가 세계 주류 언론의 특집기사 소재가 되기에 이르렀다. 2004년 한

해만큼 한국 교회가 세계 언론에 회자된 적은 없을 것이다. 그것은 자랑일 수도 있고 부끄러운 일일 수도 있다.

'한국 기독교인들 친미 집회를 가지다' 라는 뉴스에서부터 '한국인 목회자(선교사) 7인 이라크 무장 세력에 납치되었다가 풀려나다', '한국인 김선일 무장 세력에 피살되다', '예루살렘에서 한국 기독교인들 평화대행진을 펼치다.' 물론 이런 뉴스를 중동의 아랍 무슬림들도 보았다.

BBC 방송은 2004년 5월 6일, '한국의 열정적인 중동 선교사들(S Korea's zealous Mid-East missionaries)' 이라는 제목으로 한국의 중동 지역 기독교 선교에서 민감함이 떨어진다는 점을 지적했다. BBC 보도는 "한국의 기독교 선교사들은 이슬람에서 개종한 자들을 얻기 위해 노력하고 있는 무슬림 세계에서 표적이 되기 시작했다"라고 적고 있다. 납치되었다가 풀려난 김종성 목사는 인터뷰에서 아래와 같이 밝히고 있다.

> 중동 선교를 위해서는 순교해야 한다. ……하나님을 믿는 사람들이 (사역하기) 어려운 지역이라고 들어가지 않으면, 그 지역에 하나님의 자녀들은 어떻게 증가하겠느냐. ……한국에서 초창기 기독교 신앙이 어떻게 부흥했는지 보고, 하나님께서 독생자 예수 그리스도를 이 땅에 보내시고 우리를 위해 십자가에 못박히신 그 차원에서 생각해야 할 것이라고 말했다.(《크리스천투데이》 2004년 11월 29일자)

11월 1일자 〈뉴욕타임스〉에서도 한국 교회의 이슬람 선교에 관한 기획기사가 실렸다. 한국 언론은 이 기사를 다소 공격적인 용어로 옮겼다. 그렇지만 원문 기사는 "한국인 선교사들이 '움직이기 힘든 지역'으로 말씀을 가져간다(Korean missionaries carrying word to Hard-to-Sway places)"라는 내용의 중립적인 것이었다. 이 기사를 작성한 노리미쭈 오니쉬(Norimitsu Onishi) 동아시아 지국장은 일본인으로 한국의 중동 선교를 다소 중립적인 시각으로 다루고 있다.

한국 언론은 이 기사를 인용 보도하면서 조금은 부정적으로 다뤘다. 그도 그럴 것이 바로 직전에 5인의 한국인 목회자가 이라크에 입국한 이야기가 뉴스가 되어 버린 직후였기 때문이다.

'한국인들 중동서 공격적 기독교 선교'(〈연합뉴스〉), '한국 기독교 이슬람 선교의 첨병'(〈머니 투데이〉), '한국 공격적 중동 선교'(〈국민일보〉), '한국 중동 선교 위험한 열정 짚어'(〈한겨레〉) 등으로 〈뉴욕타임스〉의 기사를 인용 보도하고 있다. 그러나 내용을 살펴보면 〈뉴욕타임스〉 원문이 아닌 〈연합뉴스〉를 재인용한 것이 아닌가 싶다.

중동 이슬람권에서 기독교 복음 선교가 세계 주류 언론의 관심이 된 것은 이번만이 아니다. 2003년 6월 30일자 〈타임스〉도 표지 기사로 '기독교인들은 무슬림들을 개종시켜야 하는가?' 하는 주제를 다뤘다. 〈타임스〉 보도 내용의 일부를 옮겨 본다.

이슬람 지역에 기독교를 전파하기 위해 파견되는 선교단의 수가 늘고 있으나 더 많은 반발만을 촉발할 가능성이 있다. 미 매사추세츠 주 사우스해밀턴 소재 고든-콘웰 신학교의 세계기독교연구센터의 통계에 따르면, 지난 1982년부터 2001년 사이 이슬람 국가에 파견되는 선교사수가 1만 5천 명에서 2만 7천 명 이상으로 늘어 거의 두 배에 달했다. 이들의 경우 약 2명 중 1명은 미국인이며, 3명 중 1명은 복음주의자였다. ……이들은 무기를 갖지 않았고 미국 정부와 실질적인 연관이 없지만 그들의 의도와 달리 미국의 이미지를 혼돈시킬 가능성이 있다. 지난 1980년대 전국교회협의회 중동 담당 국장을 역임했던 침례교의 찰스 킴볼 목사는 "진실성이나 믿음에 대한 약속은 논쟁거리가 아니다. 이곳은 중요하고 급변하기 쉬운 위기를 맞고 있는 지역이기 때문에 이들 단체가 들어오는 것은 마치 폭발물로 가득 찬 방에 불을 붙인 성냥을 들고 들어가는 것과 마찬가지"라고 설명했다. 그러나 선교사보다 이슬람에서 기독교로 종교를 바꾼 개종자들이 더 위험하다는 것이 보다 심각한 문제라면서 개종은 자유의지의 행위이지만, 무슬림들의 개종 위험성을 잘 알고 있다고 지적했다.

중동 지역에서 이뤄지고 있는 다양한 형태의 선교활동은 그동안도 공공연했지만 앞으로는 더욱 공공연한 비밀이 될 것이다. 일부 이슬람 사이트에는 '기독교 선교사들의 거짓된 전략을 반박하는 요령' 같은 글들이 실려 있는 것을 본다.

새로운 이슬람 선교의 길

발상의 전환이 필요한 선교

시대가 변하고 사람이 변했다. 그런데 한국의 선교전략이나 선교지 정보는 부동이다. 선교지 연구와 정보의 개발과 공유, 효과적이고 전략적인 인력배치 논의가 이뤄지기도 했지만 아직은 여전히 탁상공론이다. 변했다. 무슬림 변했고 이슬람 세계도 변했다. 그러나 요지부동인 한국의 선교전략은 어떻게 극복할 수 있을까? 짧은 글을 통해 새로운 선교전략의 구체적인 대안을 제시할 수는 없다. 다만 발상의 전환이 필요하다는 공감대를 나누고 싶다. 그리고 그 갈증을 풀 수 있는 작은 대안이나마 짚어 보고자 한다.

2000년 세계선교대회와 21세기 선교전략회의는 8개항의 결의문을 만들어 냈다. 그 항목 중에는 이런 대목이 있다.

우리는 선교지 선택과 사역이 선교사 개인이나 선교기관의 주관적 선호에 의해 결정되기보다는 성령의 인도하심과 정보에 기초한 전략적 판단에 따라 이루어져야 한다는 점을 인식했다. 성경적 선교에 기초하여 급변하는 선교환경에 대처하며, 선교 전략의 개발과 협력을 통한 선교의 효율성을 제고하기 위하여, 지속적이고 심도 있는 선교신학 연구와 리서치를 통해 정보의 개발과 공유가 이뤄지기 위하여 선교정보센터를 세워 운영할 필요가 있다고 믿는다.

이런 일련의 선언문 결의문이 나왔을 때 내심 새로운 기대감을 갖기도 했다. 그런데 아직까지 그 뒤에 무엇이 진행되고 있다는 소식을 듣지 못했다. 안타까운 현실이다.

복음이 늘 새롭기에 언제나 새로운 틀을 요구한다. 사람도 환경도 변한다. 복음은 역동적인 대응을 요구한다. 변화하는 시대를 바로 읽어 내기 위한 연구와 지역조사 활동이 이어져야 할 것이다. 이에 걸맞는 전략 모색과 적절한 인력이 배치된다면 중동 지역에서 허다한 영혼들이 함께 돌아오는 집단 회심의 때를 가장 가까이에서 충격 없이 맞이할 수 있을 것이다. 생생하고 구체적이고 살아 있는 현장의 정보가 가득히 넘치게 된다면 선교현장의 거품도 사라질 것이고 적극적인 기도로 선교현장을 섬길 수 있는 기회가 열리게 될 것이다. 새로운 선교를 떠올리면서 지역연구 활동의 지역화, 네트워크 형성에 대한 필요와 전문 사역자들의 필요를 더욱 느끼게 된다.

이제 맞춤형 선교가 되어야 한다

'바람 따라 왔다가 바람 따라 가 버리는' 그런 사람들이 많다. 스스로는 선교지에 영적 바람을 불러일으켰다고 생각한다. 그러나 그것은 지나가는 '바람'일 뿐이다. 2004년 7월 31일, 인천공항에 도착했을 때이다. 정말이지 인천공항 출국장은 발디딜 틈이 없었다. 잠시 저녁 식사를 하고 나온 사이 인산인해를 이루던 이들은 다 사라져 버렸다. 그 많은 사람들 중에는 교회와 단체에서 단기선교라는 이름으로 출국한 이들도 있었을 것이다.

중동에 첫발을 내디딘 1990년 말만 해도 선교현장에서 만나게 된 한국인들이 반가웠다. 특별히 단기선교 여행 등을 나온 이들을 만나는 것은 즐거움이었다. 그러나 시간이 흐르면서 그런 우연한 만남이 별로 달갑지 않게 되었다. 혹시나 했지만 늘 같은 자리였다. '여호와 이레 신앙으로 무장된 막무가내'로 찾아온 이들을 보면서 안타까움도 쌓여갔다. 여호와 이레 신앙만 있는 것이 아니라 '진인사대천명(盡人事待天命)' 신앙도 있는데……. '그 많은 인력과 재정과 시간을 들여 이곳을 방문하면서 과연 어떤 흔적을 이 땅에 남기고 있는 것일까' 생각할 때 아쉬움과 안타까움이 밀려오곤 한다.

지금도 단기선교를 둘러싼 크고 작은 논쟁들이 이어진다. 단기선교 개념 규정을 둘러싼 논란에서부터 방법론에 이르기까지, 특별히 달라진 것이라고는 없지만 여전히 단기선교가 관심사인 것은 분명하다. 지난 여름도 예루살렘을 비롯하여 여러 가지 모양으로 이른바 선교지를 밟은 이들이 1만여 명에 이른 것으로 보인다. 혹자는 한국 교회의 선교운동 역량을 비춰 볼 때 20여만 명의 단기선교사를 파송하여야 할 것이라고 말한다. 어떤 면에서 이런 주장이나 바람이 많은 이들에게 왜곡되어 전달되는 것 같다. '여행 성격이 강한 1, 2주 또는 한 달 동안의 단기선교보다 6개월부터 2년간 단기선교사로 헌신하는' 운동으로서의 단기선교를 말하는데도 자타가 단기선교운동을 두둔하거나 조장하는 것으로 오해하는 것만 같다.

올 여름도 뜨거웠다. 대형 선교단체가 주관한 초대형 단기선교 프로그램으로부터 개 교회의 자체 단기선교 프로그램에 이르기까지 다양했다. 나는 단기선교운동 자체를 부정하거나 가치 평가할 의도는 없다. 이 글은 단기선교냐 비전트립이냐는 동의 단기선교 개념 정의에 주목하지 않는다. 맞춤형 단기사역이라는 단기선교운동의 대안적 시각과 접근에 주목하고자 한다.

맞춤형 단기사역, 그것은 선교단체들의 획일형, 규격형 사역에 대비한 입장을 말한다. 맞춤형 사역이라는 것도 새로운 운동은 아니다. 일단 그 의미를 짚어 보자. 맞춤형 사역은 우선 선교 헌신자나 믿음의 동역자 개개인의 은사와 재능, 부르심과 관심에 맞추는 의미에서의 '맞춤'은 물론이고 선교지 사람들의 다양한 필요에 맞추는 의미에서의 '맞춤'이라는 두 가지 측면을 고려하는 사역의 자세이다. 맞춤형 사역은 기존의 단기선교운동의 장점을 살려 주고 단점을 보완해 줄 수 있는 인격형 프로그램이라 할 수 있다.

A단체에서 올해도 예외 없이 단기선교 활동이 C국가를 비롯한 지역에서 펼쳐졌다. 이미 현장 프로그램은 정해져 있었다. 참석자들은 필요한 일정 오리엔테이션을 받고 현지에서 안내를 맡은 사역자의 지도를 받으면서 현장 프로그램에 참여했다. F교회도 비슷한 형식이었다. 교회에서 선발되거나 자원한 청년들을 현지 사역자와 연결하여 일주일 정도 현지에서 이른바 단기선교 활동을 벌이고 귀국했다. G단체는 땅 밟기 사역을 위하여, 그 땅과 그 민족들을 품고 기도하기

위하여 이슬람권의 일부 국가들을 돌았다.

중앙아시아의 한 나라에서는 서울의 한 특정 대형교회가 현지에서 '믿습니다' 식으로 진행한 일련의 단기선교 활동으로 인해 한국인 사역자들은 물론이고 현지 체류 한인들의 비자 연장이나 비자 획득에 어려움을 겪고 있다. 일부 나라는 한국인 방문자들에게 종교 활동을 하지 않는다는 서약서까지 요구하는 경우도 생겼다. 한국인 단체 여행자들은 선교를 목적으로 온다는 '비밀'이 폭로(?)된 것이다.

그렇지만 여러 가지 단기선교 바람 가운데 눈에 띄는 일부 단체들의 활동도 있었다. 일본복음선교회(JEM, http://www.kjem.com)는 올여름 맞춤식 단기선교 여행 프로그램을 선보였다. 직장인, 목회자, 선교헌신자들의 성향과 형편에 맞게 지원하고 일본 기독교의 현주소를 올바로 이해하도록 하는 데 초점을 맞추었고, 일본인과 일본 문화를 잘 이해할 수 있도록 일본 교회들과 함께 사역한 것으로 알려졌다.

150여 년 이상 해외 타문화권 선교사역에 헌신해 온 국제단체인 인터서브 선교회(InterServe Korea, http://www.intersk.org)도 맞춤형 사역을 지향하고 있다. 사실 한국인들에게 알려져 있지 않지만 인터서브 선교회는 그 선교운동 초기부터 맞춤형 사역에 주목해 왔다. 인터서브 선교회는 사역중인 선교지에 관련한 다양한 현지정보와 수백 수천 가지에 이르는 사역의 길이 리스트로 작성되어 있다.

이제까지 공급자(선교단체 등) 입장에서의 획일형은 선교운동이 비인격적으로 흐르고, 프로젝트 중심이나 일회성 이벤트로 끝나 버리는 경향을 낳곤 했다. 인격적인 하나님의 인격적인 일하심을 선교현장에서는 느끼지 못하기도 했다. 선교헌신자의 다양함에 주목하기보다는 선교단체가 이미 설정해 놓은 프로젝트에 동참하는 것으로 하나님 나라 사역에 참여하는 경우도 많았다.

헌신이라는 이름으로 선교헌신자들을 특정 단체의 획일성에 적응시키기도 했다. 선교사는 군인이 아니고, 선교사역은 군사작전이 아닌데도 불구하고 십자가 군병 정신으로 무장되어 '전진'을 요구받기도 했다. 선교단체는 선교사와 현지인들, 그리고 온 세계에서 하나님 나라를 소망하며 살아가는 이들을 위해 섬기는, 열려 있는 공간이라는 점을 생각할 때 아쉬운 대목이다.

이런 경향은 결국 선교자원의 효과적 재배치와 활용을 가로막는 기본적인 걸림돌의 하나로 작용한다. 하나님의 다양한 인격적 부르심은 사라지고 특정한 일을 이뤄 가는 분으로서 이미지가 강조되는 부작용을 낳기도 한다.

선교는 쌍방소통이 이뤄져야 한다. 선교지 영혼들에게 복음이 필요하다는 사실을 아는 것만으로 모든 일이 일사천리로 이루어지지 않는다. 그런데 우리는 상대방에 대해 얼마나 깊이 있게 알려고 했는지, 혹은 알 필요는 느꼈는지부터 점검해야 한다.

병원의 외래 진료실 풍경을 떠올려 본다. 환자가 진료를 받기 위하여 진료실에 들어선다. 진료하는 의사는 환자의 기본적인 상황을 간호사와 함께 살펴본다. 그러고는 이전에 이런 증세를 경험했는지, 집안에 이런 병이나 증세를 겪은 사람은 없는지 등 환자와 그 주변의 가족의 병력까지 알아보면서 좀더 신중한 진단을 하려고 한다. 이와 마찬가지로 우리도 복음이 필요한 이들에 대하여 어느만큼 알고 있고, 알려고 하는지를 파악해야 한다. 복음의 처방도 개인과 인격에 맞춘 맞춤형으로 준비해야 한다.

한국 교회와 선교운동 공동체는 일방주의 선교운동의 한계를 넘어서서 맞춤형, 인격형 사역으로 나아가야 할 것이다. 하나님께서는 다양한 모양으로 각 사람을 지으셨다. 하나님은 지금도 다양한 곳에서 다양하게 하나님의 사람들을 만나고 계신다. 동일하게 하나님께서는 한 사람 한 사람이 가지고 있는 그 다양성을 통해 또 다른 사람들을 섬기기를 원하신다. 맞춤형 사역은 이런 하나님의 마음으로 사람들을 섬길 수 있는 하나의 방법이다. 인격적 사역인 맞춤형 사역에 주목하자. 선교현장에서 나를 만나고 또 다른 나인 '너'를 만나게 될 때 하나님의 복음은 우리를 통해서 '소통'을 이루게 될 것이다.

선교지 언어는 소리의 전달이 아니다

"文문字쫑 와로 서르 ᄉ뭇디 아니ᄒᆞᆯ씨 "

특히 타문화권 선교현장에서는 세종대왕의 그 고뇌는 지금도 유효하다. 아무리 머릿속에 든 것이 많아도 그것을 상대방 앞에서 제대로 표현할 수 없을 때 매우 고통스럽다.

"나는 언어의 한계를 넘어섰습니다. 무슨 말이든 아랍어로 다할 수 있어요."

이런 이야기를 듣고 아연실색했다. 과연 그럴 수 있을까? 한국인인 내가 한국 말로도 하고 싶은 말, 나누고 싶은 마음을 제대로 나눌 수가 없는데, 하물며 외국인이 아랍어로 현지인과 막힘 없는 의사소통을 할 수 있을까?

"꼭 아랍어를 잘해야만 현지인과 원활한 의사소통을 할 수 있다고 생각하지 않습니다. 영어로도 얼마든지 현지인에게 복음을 전할 수 있습니다."

선교지에서 사역자의 언어 사용을 두고 논란이 있다. "영어만 잘해도 선교하는 데 아무런 문제가 없다"라는 주장에서부터 "그래도 선교사인데 선교지 언어를 능숙하게 해야만 제대로 사역을 할 수 있다"라는 주장 등 다양하기만 하다. 물론 영어만으로도 현지인과 교제하는 데 어려움이 없을 수도 있다. 그러나 영어권 외국인 사역자들은 왜 아랍어를 배우려고 하는 것일까? 영어로 하든 현지어인 아랍어로 하든 선교지 언어 습득은 선택이 아닌 필수이다.

그런데 선교지 언어는 단순히 '소리'나 '글'이 아니다. 선교지에서 현지어를 배우는 것이 의사소통을 위한 것인데 현지인들이 사용하는 '단어'를 깔끔하게 나열한다고 의사소통이 이뤄지는 것은 아니다.

"저분의 아랍어 수준은 상당해요. 그런데 설교하는 내용을 들으면 잘 이해가 되지를 않아요."

외국인의 유창한 아랍어 설교를 들은 한 현지 기독교인의 지적이다. 우리가 아는 바와 같이 의사소통에 있어서 말(소리)을 통한 의사소통은 30~40퍼센트에 불과하다. 오히려 의사소통에 요청되는 것은 단순한 소리의 나열이나 전달을 넘어서는 것이다. 그런 면에서 선교지의 언어는 '소리'나 '글자'로만 배울 수 없다. 선교지 언어는 현지인들의 마음과 생각과 그들의 현재를 읽어내는 것을 말한다.

"저 사람의 글은 우리의 심정을 너무 잘 드러내 주고 있어요. 우리의 정서가 그 글에 한껏 배어 나오고 있어요."

영어로 된 기사를 두고 나온 현지인의 반응이다. 중동에서 오랜 기간 특파원으로 일하고 있는 한 언론인은 말한다.

"아랍어를 하느냐 안 하느냐 보다 더 중요한 것이 있다면, 그것은 어떻게 현지인들의 정서를 깊숙이 이해하느냐이다."

이 말은 사실이다. 현지어를 습득하기 위한 노력과 자세가 이전에 비해 강조되고 있다. 대다수의 사역자들이 언어 훈련과정을 거치는 것은 바람직하다. 그럼에도 불구하고 언어를 소리 체계로 오해하고 말만 배우면 의사소통에 문제가 없다고 생각하는 것은 오해이다. 언어는 '소리'의 전달이 아니라 문화와 마음의 전달이고 나눔이기 때문이다. 상대방을 잘 알면 알수록 소리말이 서툴더라도 마음을 나누고 대화를 나누는 데 효과적인 경우가 많다. 현지인들의 문화와 그 마음을 알면 알수록 대화는 더욱 깊어진다. 그래서 선교지 언어 습득은 현지인들과 그들의 환경에 대한 바른 이해와 깨달음이 깊어지는 것을 의미한다. 선교현장 그곳은 들을 수 없고 말할 수 없고 읽을 수 없고 쓸 수 없는 상황이 지속된다. '말 한마디로 천 냥 빚을 갚는다'는 속담이 있듯이 말 한마디가 닫힌 마음의 빗장을 열어젖히기도 한다. 마음을 여는 대화는 그것이 영어이든 현지어의 하나인 아랍어이든 소리말에 달려 있지 않다.

이슬람 문화를 활용하자

"복음을 전했는데도 받아들이지 않았어요. 상대방의 마음이 강퍅한 것이지요."

이런 이야기들을 다른 사역자들로부터 종종 듣는다. 사실일 것이다. 그러나 과연 그 사역자가 현지인이 이해할 수 있는 '말'로 복음을 전했을까? 단지 아랍어 어휘와 문장을 이어서 전달한 것은 아닐까? '인 지저스스 네임, 에이멘(In Jesus's name, Amen)' 이 말을 무슨 뜻인지도 모르고 따라한 현지인이 과연 예수님을 영접한 것일까? 요즘은 무슬림 대상으로 번역한 '인질 앗샤리프'를 곧잘 활용한다. 다른 (기독교인) 아랍어로 된 성경보다 훨씬 이해하기 쉽다는 반응이다. 아랍어라고 다 같은 아랍어가 아니다. 선교지 사람들의 닫힌 마음, 폐쇄성을 말하기에 앞서 닫힌 우리의 마음을 열어야 한다. 그리고 그들의 일상 대화 속에 들어가도록 몸부림쳐야 할 것이다.

박노자 교수, 나로 하여금 주눅 들게 하는 외국인 중의 한 명이다.

그의 글을 읽거나 말을 들으면서 이 사람이 정말 귀화한 외국인인지 의심할 때가 있었다. 한국인보다 더 한국 역사를 알고 있다는 것, 그러면서도 그가 안겨 주는 통찰력에 그야말로 '무릎'을 꿇고 말았다. 언제 이처럼 선교지 현지인들을 굴복(?)시킬 수 있을까?

지금 사용하는 언어와 선교지 사람들의 마음의 언어를 모르거나 이해하지 못한다면 그는 여전히 이방인으로 자리할 것이다. 물론 왕따당할 것이다. 어떤 면에서 선교사들의 왕따는 일면 이유가 있다고 본다. 현지 부적응이나 시대 부적응의 결과가 아닐까 한다. 스스로 고립된 것을 선교현장에서 당연히 겪어야만 하는 어려움으로 치부할 수만은 없다. 그것은 일정한 부분 시행착오로 인한 것이기 때문에 누구를 탓할 수도 없다. 피선교지 사람들의 폐쇄성을 말하기에 앞서 닫힌 우리의 마음을 열어야 한다. 그리고 그들의 일상 대화 속에 들어가도록 몸부림쳐야 할 것이다. 늘 이방인으로, 사극 속의 주인공 같은 말투로 선교지의 현대인들과 어찌 대화가 이뤄질 수 있겠는가?

그동안 현지인들과 다양한 만남을 가지면서 나름대로 효과적인 몇 가지 경우를 간략하게 언급해 본다. 문화와 일상생활이나 꾸란에서 발견하는 다양한 소재를 대화에 적절하게 쓸 수 있다.

문화를 이용하라

선교지 사람들은 박물관이 아닌 일상생활에서 만나는 것이다. 현지인들의 문화와 일상생활에서 발견할 수 있는 다양한 소재는 대화와 의사소통을 위한 아주 훌륭한 도우미이다.

① 속담을 활용하라

속담 중에는 한국에 있는 속담과 너무나 유사한 속담도 많다. 서로

간의 공감대를 열어 주는 '문'이 될 것이고, 복음을 담는 쟁반이 되기
도 할 것이다.

② 관습과 민속을 활용하라

전통관습을 이해하고, 대화 또는 상대방을 이해해야 할 때 활용하는
것도 유익하다. 영어에는 없는 장인 장모나 사위 며느리 같은 표현들
은 아랍인들을 이해하는 데 유익한 틀이 될 수 있다. 경로사상이나 공

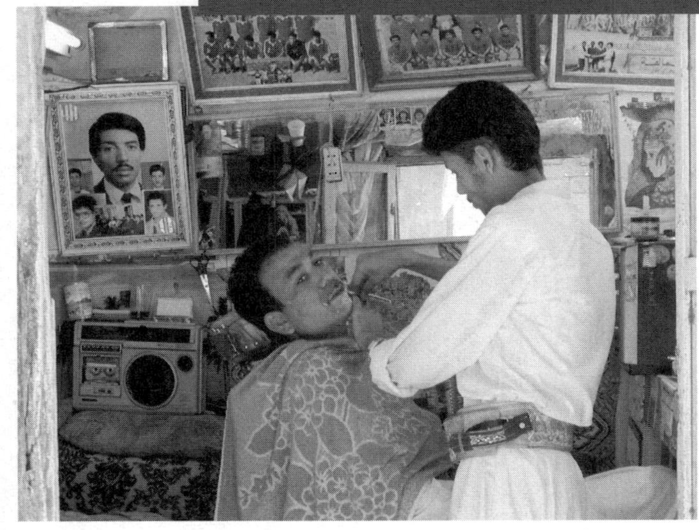

사진이 들어 있는 액자가 걸린 이발소 풍경은
우리나라의 지나간 추억을 떠올리게 한다.(예멘 사나)

동체 문화, 사랑방 문화 등은 좋은 접촉점이 될 수 있다. 이집트에는 전통명절로 부활절 다음날 이어지는 '샴문 나씨이임'이 있다. 이 명절에 색달걀이 등장한다. 이집트 고대 파라오 시대까지 거슬러 올라가는 이 샴문 나씨이임은, 대지가 나일 강의 범람으로 새 생명으로 가득 차오르는 것을 바라보는 부활의식이 담겨 있다. 부활의 의미를 설명하는 매개로 이 전통을 활용할 수 있다.

손님을 맞이하는 사랑방, 안채로부터 떨어져 있는 응접실, 왜 떨어져 있을까? 이집트의 한 영화사가 영화 개봉에 앞서 영화사에서 소를 한 마리 잡고 고기를 주변 사람들에게 돌렸다. 영화 흥행을 기원하는 그들 나름의 고사 행위이다.

지역 민속놀이에 대한 이해는 마음을 여는 키워드이다. 널뛰기, 구슬치기, 술래잡기, 연날리기 등 우리에게 익숙한 놀이문화가 대부분의 지역에 존재한다. 놀이문화에 얽힌 유래를 풀어 가면서 공감대를 찾을 수 있다. 예를 들어 우리나라 여자들의 전통놀이인 널뛰기가 여성들이 바깥세계를 엿보는 재미와 연관 있다면, 아랍 지역에서는 특정한 절기와 상관없이 어디서나 벌어지는 전통놀이이다. 서로의 유래를 비교하면서 이들 민속놀이를 복음을 나누는 좋은 널판으로 사용할 수 있다.

③ 지역감정을 이해하라

경상도 하면 생각나는 것이 있고, 전라도 하면 연상되는 것이 있다. 마찬가지로 아랍인들에게도 지역성이 뚜렷이 나뉜다. 이집트의 남부 사람 싸이디, 시리아의 북부 사람 할라비, 요르단의 중부 사람 따피일리, 팔레스타인 중부 사람 알칼릴리 등 단어만 떠올려도 함께 떠오르는 특징이 있다. 한국에서 왔다고 하면서 '아나 꾸리 싸이디(한국 남쪽 사람이라는 뜻)' 하면 이집트 사람들은 물론 아랍인들도 쉽게 뭔가를 느끼곤 한다. 공감대이다.

④ 전래되는 이야기, 유행어나 드라마 등을 활용하라

잘 알려진 전통동화나 지역 민화 등도 유익한 도구이다. 아라비안나이트로 알려진 '천일야화'나 중동의 영구 시리즈에 해당하는 '주하 이야기'는 이 지역에 너무나 잘 알려진 오래된 이야기들이다. 종교적인 동화나 위인전 등은 이들의 종교성을 이해하는 좋은 창이 된다. 무함마드나 살라딘(살라훗딘), 아부 부카리 등은 대표적인 인물들이다.

아울러 언어는 시대성을 반영한다. 요즘 현지인들 사이에 유행하는 시리즈 이야기나 새로운 신조어들을 적절하게 구사하면 대화에 한몫 낄 수 있다. 유행가는 현지인들의 정서를 한껏 드러낸다. 드라마에 큰 영향을 받는 현지인들에게 최근 인기를 얻고 있는 드라마를 통해 시대성을 읽어낼 수 있다면 우리는 상대방의 입장을 십분 이해할 수 있다.

꾸란의 바다에 헤엄쳐라

꾸란은 자타가 공인하는, 무슬림의 총체적 삶의 체계와 이슬람 세계의 가치관을 이해할 수 있는 원천이다. 그런 까닭에 꾸란은 복음을 나누는 접촉점으로서 큰 역할을 할 수 있다. 그러나 이런 중요성과 가능성에도 불구하고 이제까지 이슬람권 안팎에서 복음증거에 효과적인 매개인 꾸란이 제대로 활용되지 못했었다.

많은 경우 꾸란을 이슬람을 비판하는 도구나 기독교 복음을 변증하기 위한 들러리 정도로 사용해 온 것은 아닌지, 즉 꾸란에서 기독교 변증이나 이슬람 비판을 위해 필요한 몇몇 구절만 뽑아내어 활용할 뿐 꾸란 자체를 좀더 객관적으로, 그리고 꾸란의 문맥 안에서 활용하는

사원 안에서 꾸란을 읽고 있는 무슬림. 이슬람에서는 꾸란의 개인적 해석과 적용을 제한하고 있다. 꾸란은 읽는 것이지 묵상용이 아니다.(이집트 카이로)

경우는 그리 많지 않았다.

그러나 꾸란은 무슬림들을 대상으로 하는 복음전파의 큰 도구임에 틀림없다. 간략하게나마 꾸란을 복음전파의 한 접촉점으로 사용할 수 있는 기본원리와 몇 가지 실제적인 무슬림과의 대화를 짚어 보고 그 가능성을 생각해 보고자 한다.

많은 무슬림들이 읽고 암송도 하지만 본문의 뜻을 스스로 해석할 권리를 가지고 있지 못한다. 주입된 것을 넘어설 수 없기 때문이다. 꾸란을 그대로 믿고 암송해야 하기 때문이다. 그런 까닭에 많은 무슬림들은 꾸란과 관련해 자기가 듣고 배운 것 이상의 답을 하지 못하는 경우를 많이 본다.

읽기는 읽어도 깨닫지 못하던 에디오피아 내시가 빌립을 만났다. 그의 눈이 열리고 그리스도를 만났다(행 8:26~40). 복음은 일방적인 선포라기보다 쌍방향 커뮤니케이션이다. 성경은 하나님께서, 예수님께서 대화를 통해 당신의 뜻과 당신 자신을 계시하셨음을 알게 한다. 대화는 상대방이 가진 것에서 시작한다. 무슬림들이 가진 것은 바로 꾸란이고 꾸란의 세계이다. 그가 명목상의 무슬림이든 꾸란대로 살려고 하는 독실한 무슬림을 자처하든지 간에 말이다. 무슬림을 사랑하려면 무슬림에 관하여(about) 배워야 하고, 무슬림을(of) 배워야 한다.

① 꾸란을 활용하자

명목상의 무슬림들도 꾸란의 권위를 무시하지 못한다. 꾸란은, 그들이 그대로 삶으로 받아들이는지 여부를 떠나 그들의 정체성을 보여주는 잣대이고 이유이다. 그런 까닭에 꾸란은 이슬람 세계 어디에서나 쉽게 마주하게 된다. 차 안에서는 물론이고 공공장소나 집안에서도 쉽게 접하게 된다. 무소부재(無所不在)한 꾸란을 적극적으로 활용하여 복음으로 이끌 수는 없는 것인가? 꾸란을 복음전파의 접촉점으로 사용할 때 꾸란의 이야기(그 구조나 교훈 등)를 사용할 수도 있고, 개념을 활용할 수도 있다. 우리에게 주신 계시의 정신을 따라 이슬람 안에 없는 해석과 개념을 던짐으로써 복음이 그들 가운데 다가서도록 도울 수 있다.

꾸란의 이야기 구조를 이용하자

이것은 신구약 성경과 유사한 이야기들을 활용할 때 효과적이다. 예를 들면 창조 이야기, 아담과 하와, 아브라함, 출애굽 재앙과 출애굽, 모세, 다윗, 요나, 물로 포도주를 만드신 예수님 등 선지자들에 관련한 꾸란의 이야기 구조를 이해하는 것이 중요하다. 성경의 모세오경이나 역사서가 내러티브(이야기 형식)로 구성되어 있는 것처럼, 꾸란은 대부분의 경우 '선포' 형식으로 이뤄졌지만, 주요한 이야기들은 내러티브 형식으로 구성되어 있다. 성경은 내러티브 구조를 통해 성경 저자의 중심 모티브를 이해할 수 있듯이, 꾸란은 선포자(무함마드)와 청중들이 처한 시대적 배경과 좁은 의미의 상황적 배경으로 그 중심 모티브를 분석할 수 있다.

꾸란의 주요 인물들의 이야기 구조를 이용하자

성경에 등장하는 많은 선지자들의 이야기가 꾸란에도 담겨 있다. 어떤 점에서는 같고 어떤 점에서는 사뭇 다르게 묘사하고 있다. 이 차이점과 유사성을 아는 것은 대화를 이끌어 나가는 데 유익하다. 우리가 익히 알고 있는 것처럼, 아브라함은 그의 아들 이스마엘을 번제로 바치려고 했으나 하나님께서 막으셔서 양을 대신 바치게 되었고, 그것에서 유래해 이슬람력의 순례달(月) 끝에 희생제가 생기게 되었다고 한다. 그러나 성경에서는 이삭이라고 명시되어 있다. 성경과 꾸란에서 한 인물에 대하여 언급하고 있는 때는 파편과도 같은 이야기들을 묶어서 연대기적으로, 일대기를 짚어 보듯 함께 비교해 보는 것도 유익하다. 성경 인물들의 삶에 언제나 하나님께서 함께하셨던 것처럼 꾸란의 인물들에게도 그런 하나님의 섭리를 찾을 수 있는지 짚어 보는 것은 중요하다. 하나님의 섭리와 경륜은 꾸란의 인물들의 삶에 어떻게 반영되고 있는가?

기독교인들 중 일부가 구약이나 신약에 나오는 이야기들을 교훈적인 것 정도로 오해하듯 다수의 무슬림들은 하나의 신앙 모델 정도로 간주하곤 한다.

꾸란의 중요한 개념을 이용하자

일부다처, 금하는 음식, 금식, 구제 등 문화적 개념이나 종교의식에 관한 개념은 물론이고 죄, 하나님에 대한 기본개념에서부터 죄사함, 대속, 구원 등 신학과 신앙을 둘러싼 개념에 이르기까지 다양한 분야가 있다. 그 모든 것을 신학적이고 종교적인 개념으로 이해하는 오류를 조심하면서 이슬람 세계에서 만나는 다양한 사람들을 통해, 만남의 대상들이 보여 주는 다양한 이슈들을 개념별로 정리해 보자. 이슬람 세계에 사는 사람들도 우리와 같은 성정과 관심을 가지고 사는 사람들임을 기억해야 한다. 일반 상식의 틀로, 전통과 관습의 입장에서, 좁은 의미의 이슬람 신학과 종교적 시각에서 범주를 재구성할 수 있을 것이다. 좁은 의미의 이슬람 신학과 종교적 시각으로 한 현상이나 대상을 규정하고 짚어 보는 것은 맨 마지막 단계의 일일지 모른다. 모태신앙의 기독교인은 어떤 과정이나 깨달음을 통해 스스로 제자도나 주 되심을 배우게 되는지를 짚어 보는 것은 무슬림들을 이해하는 데 유익한 선지식을 안겨 준다.

② 꾸란 활용을 위한 수고

기독교인에게 꾸란이 중요한 것은 '꾸란'이 계시의 통로이기 때문이 아니다. 다만 복음증거의 접촉점으로서 다양한 가능성을 알 수 있기 때문이다. 이슬람 바로 알기는 바로 꾸란 바로 알기를 통해서도 가능하다.

꾸란을 연대기적으로 읽어 보라. 현재의 꾸란이나 연대기적으로 꾸란을 읽으면 그의 동시대성을 이해하면서 객관적으로 평가할 수 있다. 문맥이나 중요한 컨셉을 따라 해석해 보라. 꾸란 내부의 상충되는 부분들에 대한 정리를 해 보라. 상충하는 이유가 무엇인지 그 시대정신이나 그 배경을 이해하라.

한글판 꾸란(물론 이슬람에서는 한글판 꾸란이 존재하지 않는다. 이슬람식으로 표현한다면 한글판 꾸란 해설서일 뿐이다)을 통독하는 수고를 하자. 아랍어 꾸란을 읽고 바로 이해한다는 것은 이슬람 학자들에게도 어려운 일이다. 우리에게 주신 성경 해석의 지혜로 꾸란을 대한다면 꾸란의 중심 모티브를 이해할 수 있을 것이다. 나아가 의문(儀文)에 싸여 있는, 문자주의(文字主義)를 넘어서 많은 무슬림들을 이해할 수 있을 것이다. 그리고 그들의 그 껍질 깨기를 도울 수 있다.

꾸란은 다양한 각도에서 복음전파의 중요한 도구로 사용할 수 있다. 이제는 보다 적극적으로 꾸란을 있는 그대로 보도록 해야 한다. 하나님께서 우리에게 주신 계시의 정신은 '꾸란'을 있는 그대로 볼 수 있는 지혜도 주신다.

라마단 금식 기간에 진정한 금식에 대한 토론이 가능하다. 꾸란에서도 이웃을 대접하는 것이 금식에 버금가는 것이라고 말한다. 금식하면서 악행하는 것은 금식의 효과가 없다고도 말한다. 자연스럽게 이사야서 등에서 언급하는 참다운 금식이나 구제에 관련한 대화로 이끌 수 있다.

누가 꾸란을 해석할 권리, 권위를 가지고 있는가? 이슬람에서는 '울레마이' 라는 이슬람 학자 집단에서 권위를 가지고 있다고 한다. 그렇다면 울레마이들간의 의견 차이가 있는 본문이나 구절은 누가 해석하는가? 울레마이는 무엇을 근거하여 권위 있는 해석을 하는가? 이들 학자간에 다른 해석을 하는 경우 '당신은 무엇을 기준으로 어떤 해석을 따르고 있는가' 등 일련의 질문들은 꾸란의 권위에 대한 무슬림의 이해를 주목하게 만든다. 어차피 기록된 것은 읽히고 뜻을 풀기 위한 것인데, 어떻게 꾸란은 전문적인 학자들만 뜻을 이해할 수 있다고 하는가? 그렇다면 그런 알라는 불공평한 분 아닌가? 성경이 꾸란과 다른 것은 바로 성령에 의해 기록되고 그로 인해 개인적이고 인격적으로도 성경을 이해하고 해석할 수 있음을 보여 준다.

사례나 가능성을 일일이 다 소개할 수는 없다. 다만 꾸란은 다양한 각도에서 복음전파의 중요한 도구로 사용할 수 있음을 보여 준다. 이제는 보다 적극적으로 꾸란의 내부 논리로 극복하고 우리에게 주신 계시의 정신으로 꾸란이라는 체계를 통해서도 하나님이 말씀하시는 진리 가운데로 이끌어 내야 한다.

지역조사, '만남' 을 위한 것이다

최근 들어 선교지 정탐이나 단기선교, 선교여행 등을 대신하는 지역조사라는 용어를 많이 쓰고 있다. 지역조사 연구 방법론에 대한 책이나 자료도 많이 있다. 그 중에는 알차고 유용한 자료도 있다. 나는 지역조

사를 '방법'적인 면이 아니라 지역조사를 하려는 '마음'을 짚어 보고
자 한다.

이슬람에 대해서도 동일한 경험을 갖게 되었다. 교과서적인 이슬람
이 아닌 생활 속의 이슬람은 사뭇 달랐다. 사원 마당에서 기도시간에
그냥 맨송맨송 놀거나 사고파는 사람들, 그것도 금요일 낮 기도 때 그
렇게 행동하는 것은 이해할 수 없었다. 무슬림들은 하루에 다섯 번 기
도한다는데, 그것도 금요기도회 때 이런 날라리 신자 같은 사람들이
많다는 것을 받아들이기 힘들었다. 교과서적인 이슬람은 교과서에만
있던 것이 아닌지…….

이런 일련의 쓸쓸한 경험을 하면서 현지인을 이해하고 현지를 바로
아는 것이 얼마나 중요하고 쉽지 않은 일임을 배울 수 있었다. 어쨌든
외국인은 외국인으로 존재할 수밖에 없었다. 이상한 나라의 앨리스 처
럼 현지인들의 이상한 면에 주목하여 그들과 내가 무엇이 다른지에 온
통 관심이 쏠려 있는 것이 문제였다.

사전조사

한국 정부의 이라크 파병에 관련한 지역조사 활동이 얼마나 부실했
는지 그 전후를 살펴보면 안타까운 구석이 많다. 동일하게 선교지 지
역조사 활동은 이보다 더하면 더했지 덜하지 않다는 점은 더 안타까운
것이다. 올바른 지역조사 활동을 통해 시행착오를 줄이고 사역자와 후
원자들 사이의 올바른 협력관계가 이뤄져야 할 것이다.

① 대상 선정

사전조사는 어느 지역에서 무엇을 연구할 것인지를 결정하기 이전에
이뤄져야 한다. 그것은 지역 연구의 목적과 방향에 영향을 받을 수도

있지만, 지역조사 활동이 선교활동의 틈새를 메워 주는 것이라면 오늘날 선교현장에서 정보가 부족하고, 지역조사 등을 통해 전략수립이 필요한 지역이나 대상들을 선택적으로 정하여 관련 정보를 수집할 수도 있을 것이다. 정보의 수집과 가공과 공유를 통한 올바른 전략과 사역자의 배치를 위해 선교지 지역조사 활동은 필요하기 때문이다.

사전조사에서 조심할 점은 현지 지역조사 활동의 범위나 대상을 성급하게 결정해선 안 된다는 것이다. 2004년 겨울, 중동 지역의 한 도시에서 지역조사를 펼친 한 단체가 사전 준비를 할 때였다. 이들 조사단은 주변 관계자들의 조언을 따라 가기로 한 나라의 한 대학을 연구대상으로 선정했다. 그 이유는 이 대학이 이슬람권의 테러리즘과 연관이 있다고 생각했기 때문이다. 사실 이 대학 출신 중에 사담 후세인이나 야세르 아라파트 같은 인물들이 포함되어 있다. 한편으론 이 조언자의 의견이 맞을 수도 있다. 하지만 이 대학은 현재 재학생만 해도 12만 명이 넘는다. 그동안 수많은 졸업생 중 몇 사람의 행동만 보고 그 대학의 분위기나 조류로 미리 규정해 버리는 것은 얼마나 위험한 일인가. 이렇게 미리 규정하고 이 대학을 연구했다면, 이런 결론이 나올 것은 불 보듯 뻔하다.

"이 대학의 분위기는 반미 이데올로기가 자리하고 있고, 그 결과 현대사에서도 사담 후세인이나 야세르 아라파트 같은 반미주의 투사들을 만들어 내고 있다."

특정 개인을 통해 그가 속했던 집단을 규정하는 것은 무리한 일이다. 오히려 접근은 그 반대가 되어야 한다. 한 집단의 문화나 경향을 평가하고, 그곳에 속한 이들이 그런 분위기에 어떻게 적응하고 반응하는지를 살펴야 한다.

따라서 사전조사 단계에서는 어느 나라를 조사할 것인지만 선정하고 대상 주제를 다양하게 살펴보는 것이 좋다. 조사의 대상과 내용은 사전조사 결과 평가를 통해서 이뤄지는 것이 조금은 객관적인 지역조사 활동으로 이끌어 줄 것이다.

② 어디서 사전조사를 진행할 것인가

도서관을 통해 자료를 뽑아 본다거나 예비적인 인터뷰를 하는 것도 포함되겠지만 요즘은 대개 인터넷을 이용할 것 같다. 그러나 인터넷 검색은 가장 손쉬우면서도 속기 쉬운 방법이다. 인터넷상에 떠도는 많은 자료들 중에는 검증되지 않은 값싼 정보들로 홍수를 이루고 있다. 자료 검색과정에서부터 구별과 선택은 시작된다. 사실과 진실을 가려내는 진실 게임이 시작되는 것이다.

사전조사에서 최소한 한글판 자료들은 다 모아서 분석과 평가를 통해 정보가 될 만한 내용을 추리는 것은 필수이다. 특별히 통계수치는 수치간의 차이가 분명하게 드러나는데 이런 차이의 이유를 규명하고, 최신의 보다 공정한 수치 자료를 확보하는 것도 중요하다. 그러나 수치의 마력에 너무 현혹되지 않기를 바란다. 수치가 지역 주민들의 모든 것을 반영해 주지는 않기 때문이다. 예를 들어 한달 봉급 100만 원인 가정과 200만 원인 가정이 있다고 가정해 보자. 200만 원인 가정은 100만 원인 가정보다 두 배 잘살까? 그렇지 않다. 사실 수치 정보는 현지 방문 조사활동이 아니더라도 확보할 수 있는 경우가 많다. 그래서 수치 조사는 참고자료 정도로만 활용해야 할 것이다.

국내에서 해당 관련 지역 관계자나 전문가들, 국내 체류중인 관련 국가 주민들을 통해 앞서 조사한 자료들이 타당한지 검토를 해야 한다.

이런 만남과 자료수집 과정에 꼭 들어가야 할 것이 있다. 그것은 관련 지역의 선교현황에 대한 다양한 접근과 정보수집이다. 물론 관련 국가나 지역 선교 관계자들을 만나는 것도 중요한 요소이다. 그러나 이 대목에서도 한국인만의 정보에 제한하지 않아야 한다.

③ 선택의 기준

어떤 정보를 선택할 것인가? 아무것이나 관련된 정보라고 다 챙길 수는 없다. 언론을 대할 때는 해당 언론의 색깔을 이해하는 것에서 선택과 평가 작업을 펼쳐야 한다. 기사의 논조를 통해서나 기사 채택의 성향을 통해 언론마다 가지고 있는 '색깔'을 파악할 수 있어야 한다. 이념적인 취향들도 있지만, 기사를 구성하는 몇 가지 기본틀이 있는 것이다. 특히 외신기사를 무비판적으로 인용하면 낭패를 보게 된다.

가능하면 원소스를 찾아내는 것이 중요하다. 국내 언론의 경우 그것이 직접 취한 것인지, 자료 인용으로 짜깁기한 것인지, 다른 국내 언론을 재인용한 것인지를 아는 것이 중요하다. 그래서 가능하다면 원자료나 원출저에 접근하는 것이 필요하다.

원자료(기사)에서도 그것이 외신인용인지 외신종합인지 외신 짜깁기를 교묘하게 한 것인지를 알아야 한다. 그 많은 외신들을 일일이 다 검색할 수는 없을 것이다. 그래도 기본적으로 외신인용에 즐겨 활용되는 BBC나 CNN은 물론 〈뉴욕타임스〉, 〈워싱턴포스트〉 등을 기본으로 검색해 보는 것이 좋다. 물론 외신들도 내신 못지않은 색깔을 가지고 있다.

이런 일련의 자료 추적을 통해 해석하지 않은 하나의 사실을 찾아내어야 한다. 사실을 적은 부분과 해석한 부분을 분별하는 과정에서 해당 언론의 색깔을 알 수 있을 뿐만 아니라 해당 언론의 색깔을 파악하게 되면 사실을 짚어내는 데 어려움이 없을 것이다.

선교 정보들도 동일한 기준을 가지고 종합적으로 평가해야 한다. 물론 많은 단체들이 보안상의 이유로 구체적인 내용을 공개하지 않을 수 있다. 그것 자체도 하나의 정보가 될 것이다. 왜 그 단체는 그 지역을 이 정도로 평가하고 있는지를 살펴보는 것도 의미가 있기 때문이다.

④ 조사방향의 선정

이런 일련의 과정을 통해 지역이 최종적으로 결정되고, 그곳에서의 연구범위와 대상을 결정할 수 있다. 무엇보다도 이미 다른 단체들에 의해 조사가 적절하게 이뤄진 곳을 반복적으로 중복 투입할 필요는 없다.

현지조사

현지에 도착했다고 지역조사 활동이 성공적으로 펼쳐질 것이라고 기대하지 말라. 사전조사 활동보다 더 복잡하고 보다 세심한 판단이 요청된다. 그 넓은 지역 어디에서 진실을 찾을 수 있을 것인가? 진지하고 바른 지역조사 활동을 위해서는 철학자 베이컨이 말했던 몇 가지 우상을 제거하여야 한다. 즉, 종족의 우상이라 할 인류나 특정 종족에 대한 선입견을 벗어야 하고, 동굴의 우상인 개인적인 편견을 벗어야 하고, 있지도 않은 말들도 사실처럼 번져 가는 시장의 우상을 넘어서야 하고, 합리적인 모양으로 꾸며진 가공의 이야기 같은 극장의 우상을 벗어나야 하는 것이다.

현지에서 듣게 되는 말과 보게 되는 상황은 작업을 통해 정보로 인정되기 전까지는 하나의 참고자료나 정보로만 간주하라. 이것을 위해 몇 가지 주의가 필요하다.

첫째, 현지인은 누구보다 자신의 형편을 잘 알고 있다고 생각하지 말라. 현지인들이 이구동성으로 말한다고, 다수가 말한다고 그것을 진실 그 자체로 받아들이지 말라.

서울 사람이라고 서울 소식을 누구보다 잘 아는 것은 아니다. 오히려 언론매체가 서울 사람들에게 서울 소식을 알려 준다. 카이로 사람이라고 카이로 사정을 잘 알려 줄 수 있다고 생각하지 말라. 정보를 찾고 그것을 다듬어 총체적인 정보로 확보하는 일은 지역조사에 참여하는 연구자의 몫일 뿐, 어떤 현지인이 완성한 정보, 잘 다듬어진 정보를 송두리째 줄 수 있다고 믿지 말라.

둘째, 현지에서 사역하는 사역자는 다 알고 있다고 믿지 말라. 사역자들이 현지 상황에 정통하여야 한다고도 말하지 말라. 각자의 사역 방법과 섬김의 틀이 다를 수 있고, 경험도 다를 수 있기 때문이다. '그것이 진실이다' 라는 식으로 지역조사를 한다면 굳이 현장에 오지 않아도 될 일이다. 이메일이나 다른 매체를 통해 정보를 확인하면 되기 때문이다.

셋째, 지역조사의 내용을 통계수치에 제한하지 말라. 통계수치로 현실을 평가하지 말라. 통계수치로 담지 못하는 많은 것들이 지역에 존재하기 때문이다. 그 지역의 형편을 고려하지 않고 단순히 수치상의 비교로 현지를 평가하지 말아야 한다. 통계를 중심으로 이루어진 지역조사는 현지에 오지 않고도 얼마든지 가능한 일이다. 인터넷이나 다른 자료들을 통하면 오히려 현지 방문을 했을 때보다 더 자세한 수치를 얻을 수도 있기 때문이다.

현지 지역조사 활동은 꼭 그곳에 와야만 얻을 수 있는 그 무엇인가를 찾고 만나기 위한 것임을 기억해야 한다. 그것은 정말 만나야만 알 수 있는 한 가지를 위해 오는 것인지도 모른다. 지역조사를 위한 가장 중요한 것은 틀이나 방법이 아니다. 그것은 마음이다. 만남에 대한 뜨거운 갈망이다. 이 갈망이 없다면 지역조사는 난도질하는 것과 다름없는 의미 없는 행동일 뿐이다. 나를 알고 나를 알아줄 사람을 만나는 것, 그것이 지역조사를 하는 이유이고 열매가 아닐까? 하나님께서 그 땅과 그 사람들을 어떻게 이해하시는지를 알아가는 것, 그것이 지역조사를 하는 가장 기본적인 이유가 되어야 한다.

이슬람권의 집단 회심

"이슬람권에서 집단 회심이 가능합니다."

이렇게 이야기하면 "그것이 가당키나 한 일입니까. 그 강퍅한 영혼들, 테러주의자들을 보면 그런 가능성은 없습니다"라는 답변을 듣곤 한다.

"어차피 하나님 앞에서는 민족을 넘어서 한 영혼이 소중합니다. 좀처럼 마음을 열지 않는 이슬람 지역에서 사역하는 것도 중요하지만, 열린 곳에서 사역하는 것도 중요합니다. 우리 민족의 사명은 북한 동포입니다."

이런 주장이나 판단도 나름대로 일리가 있다. 그러나 이슬람권의 집단 회심은 현실이고 곧 다가올 미래이다.

사실 그동안 이슬람 선교의 어려움이나 열매가 적은 것에 대하여는 뒤집어 보기가 필요하다. 정말 선교현장이 어려운지, 사역이 어려운지에 대해서도 살펴보는 수고가 필요하다. 이슬람 선교 관련 자료나 메시지를 들으면서 마치 가나안 정탐을 마친 12명의 정탐꾼들의 보고현장을 보는 것 같은 느낌을 자주 갖곤 했다. 아직도 대다수 사람들의 생각 속에 이슬람권은 믿음을 잡아먹는 강퍅한 땅으로 남아 있다. 그 이유에는 다음과 같은 생각과 판단이 작용하고 있다.

첫째, 이슬람 선교는 안 된다. 둘째, 무슬림의 개종은 매우 힘들다. 셋째, 교회 개척이 불가능하다. 넷째, 열매가 없다. 다섯째, 무서운 지역이다. 여섯째, 투자한 것만큼 효과가 없다. 일곱째, 선교사 신분으로 사역할 수 없다. 여덟째, 목회자들이 못 들어가는 곳이다.

인터서브의 전임 국제총재인 짐 테베는 한 연설을 통하여 이슬람 세계에 정치적, 사회적 자유가 더 확대된다면 집단 회심의 가능성이 있음을 지적하였다. 과연 이슬람 세계에 집단 회심의 가능성이 있는가? 있다면 그 가능성은 언제 현실화할 수 있을 것인가? 물론 이 질문에 대한 대답은 '예, 조만간'이다.

집단 회심의 가능성은 세계사의 흐름에서도 볼 수 있고, 영적인 기상도(氣象圖)를 바탕으로 할 때도 그렇다. 무너지리라고 기대하지 못했던 수많은 장막들이 걷혔다. 철의 장막, 죽의 장막, 심지어 동독이라는 벽도 무너졌다. 세계의 절반 이상을 차지하고 있던 장막들이 아니었던가. 그 다음으로 폐쇄된 지역이 있다면 그것은 이슬람의 장막이다. 아니 우리에게 베일이라는 말이 어울릴 것이다. 문명충돌의 흐름에서 이런 이야기를 전개하는 것이 아니다. 자유와 인권에 대한 사상이 이런 장막들을 넘어서 넘쳐나기 시작한 것처럼 이슬람 지역에서도 변화하는 새로운 역사의 흐름은 흘러넘칠 것이다.

1979년 중동에 일대 지각변동을 일으킨 사건은 호메이니의 이슬람 혁명이었다. 이후 여러 이슬람 국가에서는 이란 따라가기 열풍이 불면서 이른바 이슬람 혁명의 물결이 덮쳐오기 시작했다. 호메이니 주도하에 이란의 이슬람 혁명은 이슬람 지역에 이슬람 원리주의 운동을 확산시키고자 했었다. 그렇지만 그 결과는 참담한 실패로 끝났다. 이슬람 정권이 공공연하게 약속해 온 부의 공정한 분배와 많은 평등권 등을 약속했지만 그것은 빛바랜 장미빛 청사진이었다. 더욱이 혁명 이후 강화된 이슬람 종교 교육은 역효과를 가져왔다. 이란 전체 국민의 75퍼센트, 젊은 층의 86퍼센트가 이슬람의 가장 기본적인 덕목인 하루 다섯 번의 일상 기도나 예배생활을 하지 않는다. 다수의 국민들이 이슬람을 간접적으로 거부하거나 무관심해져 가고 있으며, 성직자들에 대한 반감도 극심하게 높아 가고 있다.

종교 이동의 자유가 없는 상태에서 명목상의 무슬림들이 급팽창하고 있다. 그러면서도 이들은 미래와 소망을 찾고 있다. 과연 예수 그리스도는 이들에게 소망이 될 것인가? 제시할 기회가 주어진다면, 그리고 그것을 신앙할 권리가, 자유가 주어진다면 어떤 결과를 초래할 것인가? 그것은 이제까지와는 양상이 다른 집단 회심으로 나타날 것이다. 지금은 정신적 혼돈, 아노미 현상을 겪고 있는 것이다.

중동의 무슬림들도 유럽과 북미로 몰려들고 있다. 그것이 꿈의 실현을 위한 발걸음이든, 박해와 고난을 피하기 위한 탈출구이든 유럽은 무슬림들에게 새로운 기회의 땅이 되고 있다. 이것은 이들이 복음을 접할 수 있는 호기이다. 복음을 들고 중동으로 가지 않아도 복음을 접할 수 있는 그곳으로 무슬림들이 뛰어들고 있는 것이다.

이란이 보여 준 현실은 다른 중동 국가들의 시금석이 되고 있다. 침묵하는 아랍 국가들의 상황도 여러 가지 정황을 고려할 때 이와 별다르지 않기 때문이다.

집단 회심을 어떻게 맞이할 것인가

한국의 '붐' 선교는 나름대로 문제점을 안고 왔다. 구 소련의 붕괴 이후 러시아권 선교가 한국 선교의 새로운 '붐' 선교지가 되었었다. 그렇지만 사전 준비 부족과 경쟁적인 중복 선교가 자아낸 부작용도 컸다. 누구도 구 소련의 붕괴를 예기하지 않고 대비도 안 한 상태에서 맞이했기 때문이다.

중동 지역에 깊게 깔려 있는 반미 반서구 의식을 생각할 때, 중동 무슬림들의 동양적 사고방식을 고려할 때 한국 교회와 한인 사역자들이 감당하여야 할 몫이 크다는 것을 다시 한 번 지적하고 넘어가야 할 것이다. 그러나 독불장군식, 한국 교회 주도를 말하는 것은 아니다. 중국 교회와 협력을 통한 이슬람 사역의 틀을 조급히 마련하여야 할 것이다. 게다가 일본 교회를 이슬람 선교에 동참시켜야 할 것이다. 한국과 중국, 일본 교회가 하나 되어 동역의 기틀을 다지는 것은 여러 면에서 소중한 것이다. 복음은 화해의 능력이 된다는 것을 구체적으로 보여 줄 수 있는 살아 있는 간증이 될 것이다. 이것은 분쟁의 땅 중동에 하나의 도전이 될 것이다. 아울러 중국 교회, 한국 교회, 일본 교회가 가지고 있는 다양한 은사와 가능성을 함께 묶음으로 보다 알찬 사역의 길을 열어 갈 수 있을 것이다.

아울러 중동 지역의 20여 개 되는 한인 교회의 몫이 커질 것으로 전망한다. 동포선교의 결실은 자연스럽게 제3국인 선교와 현지인 선교의 열매로 이어지기 때문이다. 이제는 장기적인 선교의 전진기지 확보를 위하여 보다 관심을 쏟아야 할 때이다. 한인교회가 한인들만의 공간이 아니라 조선족이나 중국인들을 돕는 중심지로 바뀌어 가야 할 것이다.

이슬람 내의 깊은 종교적 회의를 통하여, 정치, 사회, 종교의 변화를 통하여 그 틈새는 이미 벌어지고 있다. 이 과정에 하나님의 강권적인 섭리가 작용하고 있음을 보게 된다. 중동에 일고 있는 정치적, 사회적 자유는 자연스럽게 사상과 종교의 자유로 확대될 것이다. 물론 이 과정에서 보수파, 이슬람 원리주의 집단과 개혁 세력 간의 충돌은 불가피하게 보인다. 개혁과 개방을 서구 이데올로기의 침투로 바라보는 시각이 여전하기 때문이다. 수구 반동 세력의 예상되는 저항을 뚫고 개방과 개혁, 신앙의 거센 물결은 흘러갈 것으로 보인다. 이제는 집단 회심한 이들을 담아 둘 그릇을 준비할 때가 되었다. 견고한 성 여리고를

동역자를 파송하고 축복하고 있는 믿음의 사람들.
하나님은 우리보다 앞서 가신다.(이라크 아르빌)

공략하던 가나안 정복부대의 성 돌기가 연상된다. 성은 무너졌다. 21세기 초반을 맞이한 지금 우리는 여리고 성을 몇 번째 돌고 있는 것일까? 7일째 일곱 번째 바퀴를 돌고 있는 것은 아닐까?

한·중·일 공동선교의 시대

어디를 가나 중국인, 중국 제품 없는 곳이 없다. 차이나타운이 곳곳에 형성되는 것을 보면 그 변화를 쉽게 감지할 수 있다. 걸프 지역 연안 국가들의 경우는 전체 인구의 80퍼센트 안팎이 아랍계이고 다른 인구는 동남아시아나 다른 외부에서 들어온 외국인들이다. 동시에 중동 인구는 유럽으로 대이동을 하고 있다. 민족대이동이라 할 만한 이런 변화는 이제 중동의 아랍 이슬람권이 닫힌 세계가 아니고 단일한 민족이나 문화, 종교 체계가 아니라는 것을 보여 준다. 서구화를 추구할 수밖에 없는 상황에서 개방·개혁은 종교 개방으로까지 나아가고 있다. 아랍 이슬람권은 아랍 무슬림 사역의 현장만이 아니고, 아랍 무슬림을 만날 수 있는 곳이 중동만도 아니라는 점이다. 무슬림 사역의 기회는 전 세계로 분산되고 있다. 이런 점에서 아랍 무슬림 사역을 위하여 "중동으로 가느냐, 그곳으로 보내느냐" 하는 것은 전통적인 도식일 뿐이다.

두바이 시내의 작은 체인점에 두바이 현지인이 들어섰다. 이 현지인은 이내 짧은 영어로 자기가 필요로 하는 것을 구입했다. 사실 바레인이나 쿠웨이트, 아랍에미레이트 등 걸프 지역 어디를 가도 영어만 하면 생활에 아무런 불편함을 느끼지 않는다. 이 국가들은 일상생활 깊숙이 영어가 자리하고 있다. 거리를 돌아다녀도 현지인보다 외국인들로 가득 넘쳐난다. 아랍어 간판 이외에도 파키스탄의 우르드어나 인도어로 된 간판도 쉽게 눈에 띈다. 현지의 영자 신문에는 파키스탄이나 인도 지역 뉴스를 우리나라 신문의 국제면 수준이 아니라 지역 뉴스처럼 취급한다. 영어는 외국어가 아니라 공용어로 자리하고 있다. 외국인 인력들 때문이라도 현지인들이 영어로 말해야 할 상황이다. 만일 한국인이 한국에서 영어로 생활하여야 한다면 그 기분이 어떨까 상상하자, 순간 아찔했다.

"아랍 현지인을 상대로 사역하겠다고 이곳에 왔는데 현지인을 만날 기회를 좀처럼 가질 수 없었어요. 아랍어를 사용할 기회는 더더욱 없었고요. 아랍 국가에서 아랍어 사용이 쉽지 않다는 것이 말이 되나 싶었어요."

수년 전 두바이에 파송된 아랍어과 후배 사역자가 겪은 이야기이다. 현지에 한국 기업 지사장으로 체류중인 이들은 현지 바이어 얼굴 보기가 쉽지 않다고 말했다. 대개 인도인이나 다른 외국인 매니저와 업무 협의를 하고 현지인 사장이 직접 상대해 주지 않는 경우가 더 많다는 것이다.

이런 변화는 현지 아랍인들에게도 곤혹스럽다. 외국인 노동력 의존도가 너무 높아 이들 외국인을 다 쫓아낼 수도 없고, 그 인력을 대체할 현지인 인력도 없다. 아랍어를 할 수 있는, 다른 아랍 국가 인력으로 동남아시아 인력을 대체하자는 주장도 나오지만 대안이 되지 못한다.

그러던 중 최근에는 인도나 파키스탄 인력 의존도를 줄이면서 중국인을 대체 투입하는 경향을 보이고 있다. 비아랍계 인구가 늘어 가면서 아랍어를 모르거나 잘 사용할 줄 모르는 아랍인 2, 3세들도 늘어가고 있다. 외국인 여성과 결혼하는 국제결혼이 증가하고 있다. 이 과정에서 현지 아랍인들은 '아랍인의 정체성'에 대해 고민하고 있다. 이렇게 가다가는 얼마 안 돼서 걸프 연안 국가에서 토종 아랍인을 만나기가 쉽지 않을 것이라는 위기감조차 느껴진다.

　요르단 암만 국제공항 청사, 멀리서 보니 한국인으로 보이는 무리가 있었다. 그런데 가까이 가 보니 중국인들이었다. 말투도 그렇지만 손에는 차[茶]를 담은 통이 들려 있었다. 중국인들은 차를 너무 좋아하여 이렇게 통에 담아 들고 다니면서 마시는 경우가 많다. 잠시 뒤에 수십 명의 중국인들이 청사 안에 가득 찼다. 요르단 공단 지역에서 일하기 위하여 입국한 것이다. 중동의 어느 나라 공항을 가도 감지 않은 기름기 가득한 머리와 조금은 촌스러워 보이는 아시아인들을 만날 수 있다. 그 무리 가운데는 중국인들이 주류를 이루고 있다. 최근 들어 중국인은 전 세계를 덮고 있다. 특별히 중동도 예외가 아니다. 2003년 말 아랍에미레이트 연합의 두바이 가까운 곳에 15만㎡의 너비에 거대한 용 모양의 중국 쇼핑몰 '드래곤 마트'가 문을 열었다. 이것은 상징적인 사건이다. 걸프 지역에서 중국은 원유산업뿐 아니라 교통과 기술, 소비재 부문 등 경제의 각 분야에서 중요한 거래상대로 떠오르고 있음을 분명하게 보여 주는 것이다.

　중국인들도 중동으로 몰려들고 있다. 사막의 모래 바람보다 더 강하고 급한 바람이 되었다. 곳곳에 중국인 거리가 형성되는가 하면 아랍에미레이트 같은 경우는 아예 중국인 신도시를 건설하고 있는 형편이다. 이집트는 조만간 초ㆍ중등학교에서 제2외국어로 중국어를 가르칠 것이라고 발표했다. 중국 바람은 일본과 한국이 그동안 중동에서 구축한 기반을 순식간에 위협하는 지경이다.

　중국의 통신장비회사인 화웨이 기술은 아랍에미레이트 연합의 초고속 인터넷망 공사와 사우디아라비아 이동전화망 공사를 따냈다. 사우디아라비아, 바레인, 아랍에미레이트, 카타르, 쿠웨이트, 오만 등 페르시아만안협의회 6개 회원국과의 무역거래는 2003년 169억 달러에서

2004년에는 200억 달러로 늘었다. 2003년 여름부터는 양자간의 자유무역협정 체결을 위한 협상을 전개하고 있다.

중국석유화학공사(SINOPEC)는 지난해 3월 사우디아라비아 남부 가와르 가스전 근처에서 천연가스전을 개발하는 3억 달러 계약을 사우디아라비아 국영석유회사 아람코와 맺었다. 중국의 중동 진출은 상당한 역사를 가지고 있다. 1980년대는 주로 무기를 공급하는 수준에 그쳤다. 1990년대 들어 중국 경제가 급격히 발전하면서 저가품으로 출발한 중국산 제품이 중동을 잠식하기 시작했다. 이제는 중고가 제품조차 중국산이 휩쓸고 있다. 중동 지역의 통신망과 텔레비전, 자동차 공장, 쇼핑몰 등 곳곳으로 확대되고 있다.

이 새로운 중국 바람은 잠재된 선교의 큰 동풍과도 같은 것이다. 중국 교회는 이슬람 선교의 큰 태풍의 눈이 될 수 있다. 중국 교회는 이미 용트림을 한 지 오래이다. 복음에 대한 열정과 공동체를 통한 헌신은 이제 복음선교의 바탕을 이루고 있다. 중국인을 상대로 사역하는 사역자들은 중국 교회가 이미 예루살렘을 목표로 선교의 서진을 위하여 오랫동안 기도해 왔음에 주목하고 있다. 중국 기독교인들 가운데 이슬람권 선교에 대한 관심도 커지고 있다. 중국 교회는 이슬람권을 넘어 복음의 서진을 꿈꾸고, 중국인과 중국산은 이미 서진하여 중동과 유럽을 뒤덮고 있다. 이것은 새로운 시대가 이미 다가와 있음을 보여준다.

중국 내의 헌신한 동포, 조선족은 한국 교회와 중국 교회의 이슬람 선교를 위한 협력의 교량 역할을 할 수 있다. 이슬람권 곳곳에 자리하고 있는 중국인들을 선교의 동력으로 전환하기 위하여 중국 조선족 선교 헌신자들을 중동에 보내는 일과 중동 안에서 한국인 선교사들이 지원하고 협력하는 방안을 모색할 때가 되었다. 아울러 중국 교회의 헌신된 선교 자원들이 중동 곳곳에 진출하는 것을 격려할 필요도 있다. 수많은 전문인 사역자들이 중동 곳곳에서 복음화를 위한 수고를 할 수 있을 것이다.

한국 교회가 세계 제2의 선교사 파송국을 자랑하지만 그것은 중국 교회가 기지개만 펴도 사라질 자리이고 영광인 것이다. 밀려나기보다 협력의 길을 열어 주고 영예롭게 협력하는 것이 이슬람권 선교의 흐름에 동참하는 것이다. 여러 경로를 통해 접하고 있는 중국 교회의 이슬람 선교운동은 고무적이다. 중국 교회 성장의 힘이 이슬람 선교로 올바르게 접목되고, 한국 교회의 인적 자원이 연합할 수 있다면 이슬람 선교의 절대 전환점에 서게 되는 것이다. 한류(漢流), 한류(韓流)가 함께 잘 연합하여야 할 시점이다. 복음의 확장과 이슬람 선교의 동역을 위한 새로운 물결이 되고 있는 것이다.

일본에 불어 닥치고 있는 한류 열풍도 주목의 대상이다. 그동안 한·일 양국 국민간의 민족 감정은 상상외로 컸다. 그러나 뜻하지 않은 욘사마 열풍 등 한류 열풍은 일본인들, 그것도 기성세대의 한국과 한국인에 대한 부정적인 이미지를 불식시키는 폭발력을 발휘하고 있다. 누구도 의도하지 않았고, 기대하지 않았던 일이 벌어지고 있는 것이다. 한류 드라마 붐이 일시적인 것이 된다고 하더라도 한·일간 감정의 골을 메우는 좋은 역할을 하고 있음은 분명하다. 오해와 거부감을 넘어서서 이해와 호감으로 다가서고 있다. 일본 내각부의 최근 여론조사에 따르면 "일본인의 한국에 대한 호감도가 역대 최고 수준으로 나타났다. 여론조사 응답자의 56.7퍼센트가 한국에 친밀감을 느낀다"라고 했다. 이제까지 한국 교회는 일본 교회를 주로 선교 대상으로 주목했다. 그렇지만 일본 교회는 일방적인 선교 대상이 아니라 선교의 동반자임을 인정할 수 있어야 한다. 일본 교회의 잠재력과 내실 있는 역동성은 한국 교회가 무시할 수 없는 것이다.

한류(漢流), 한류(韓流)가 섞이면서 한·중·일은 정치나 이념을 떠나 문화적으로 그 어느 때보다 가장 가까운 이웃이 되고 있다. 이것은 복음의 확장과 이슬람 선교의 동역을 위한 새로운 물결이 되고 있다.

중동을 향한 하나님의 바람 HOPE

한 권의 책을 마무리하면서 우리가 가진 다양한 형태의 편견을 제대로 담아 냈는지 모르겠다. 그렇지만 이 책을 통해 담고자 한 것은 하나이다. 그것은 우리가 가진 편견을 넘어서서 하나님의 일하심을 보자는 것이다.

중동은 개방과 개혁의 물결을 타고 있다. 허버트 케인은 "유엔의 세계인권선언에 대부분의 이슬람 국가도 회원국으로 서명하였고 이 인권선언은 종교의 자유를 선언하고 있다는 점과 종교의 자유는 미래의 물결로서 이슬람 국가나 공산주의 국가도 세계와 나란히 가기 위하여 인정하게 될 것이며 이슬람 세계의 계속적인 서구 세계화의 접촉은 개방사회로서의 속도를 촉진시킬 것이다"라는 점을 들어 이슬람 세계에 전도의 문이 열릴 것으로 내다보았다.

그러나 변화하는 중동에 기독교는 부동(不動) 자세를 취하고 있다. 그것은 중동 밖의 기독교와 기독교인만의 문제가 아니다. 그 땅 안에 머물고 있는 적잖은 선교사들의 대응 방식도 유사하다. 여전히 석유 붐이 불던 당시의 고정된 관념으로 오늘의 중동을 보는 이들도 많다. 막연한 적대감과 삶의 자리에 대한 무시나 무관심은 하루속히 극복하여야 할 대상이다.

이 책을 통해서 나는 있는 그대로 아랍 이슬람 세계 사람들의 생활상을 보여 주고자 했다. 단지 종교적인 시각으로 이들을 보는 것이 아니라 우리와 성정이 같은 사람들, 그곳에도 사람이 살고 있구나 하는 공감대를 나누고자 했다. 우리가 가진 다양한 편견과 선입견의 베일들을 하나둘씩 벗어 나가면서 만나게 될, 있는 그대로의 모습으로서 이슬람과 무슬림, 그들을 위해 오랫동안 일해 오셨고 지금도 변함없이 구원의 손길을 내밀고 계신 하나님을 함께 느끼고자 했다. 그들도 하나님의 구속의 대상이며, 하나님이 사랑하시는 자녀들이기 때문이다.

이슬람권은 적지도 않고 불모지도 아니다. 다만 하나님께서 관심을 갖고 섭리하며 일하시는 곳이다. 그 땅과 그 땅의 사람들을 만나기 위해서는 가장 먼저, 우리가 가진 막연한 적대감과 두려움의 베일을 벗어야 한다. 두루뭉술한 우리의 이해와 편견을 벗어야 한다.

최후의 남은 땅이라 불리는 이슬람 세계, 바로 알고 바로 섬기기 위한 새 시대 사역자들을 기대한다. 그곳에서 하나님을 만나고 하나님이 간섭하시는 그 땅의 사람들을 만나고, 그들과 하나 된 마음으로 하나님을 찬양하기를 꿈꾼다.

나는 아버님이나 어머님이 소천하시는 것을 보지 못했다. 두 분 모두 내가 외국에 나가 있을 때 떠나셨기 때문이다. 그 두 분의 형상과 모양이 되어 내가 지금 존재함에 감사한다. 그 두 분을 기억한다. 늦깎이 신앙을 가지고 열심히 살아가시는 장인 장모님, 가장 가까운 자리에서 조언으로 비판으로 나를 돌아보게 하는, 돕고 배려해 주는 아내 세경, 아들 하언과 하림에게 고마움을 전한다.

한 권의 책을 제대로 탄생시키기 위한 편집자들의 수고는 대단하다는 것을 새삼 느꼈다. 홍성사 편집부는 내게 새로운 형태의 글쓰기가 절실하게 필요함을 알게 해 주었다. 지금도 선교현장 안팎에서 하나님의 마음을 전하고 나누고자 애쓰며 수고하는 동역자들에게 감사의 마음을 전한다.